Deutsche Bildung

und

Weltideale

德国教养
与
世界理想

从
歌德
‖
到
马克思

Von
Goethe

bis
Marx

叶 隽 著

教育科学出版社
·北京·

代　序

　　最近收到叶隽教授来函，邀我为其新著《德国教养与世界理想——从歌德到马克思》写个序。我并非谦虚，作序是断然无资格的。但两点原因让我接下了这一重任：一是想先睹为快，能尽早拜读其新作；二是一直关切叶隽教授的学术动态，因此想借机就叶隽教授的研究成果和学术理路谈点自己的看法。

　　有幸结识叶隽教授是数年前的事。当时他正在写一部新著，其中涉及国内学界有关德国史的研究动态，本人有幸提供了几本陋作。自此，他热心关切国内德国史的研究进展，甚至拨冗参加中国德国史研究会学术年会，与相关同仁切磋交流。本人也开始有意识地关注其相关研究动态。叶隽教授给人的总体印象是，思维敏捷，视阈宽阔，文风儒雅，成果迭出。到目前为止，他除了大量的学术论文和评论外，仅著作就已经累积十余部。作为 20 世纪 70 年代生人，能有如此丰硕成果，谓之青年俊才，非恭维之辞。

　　叶隽教授的研究本位是德语文学，在这一领域推出诸多研究成果自无须赘言。本人感兴趣的是，其研究视阈阔大，研究触角延及多个领域，研究成果涉及德语文学、中西文化关系史、学术史和思想史等。例如，除了《德语文学研究与现代中国》等专业性很强的著述外，其研究视阈还延及整个德国文化教育领域和中德文化关系史领域，诸如《主体的迁变——从德国传教士到留德学人群》《异文化博弈——中国现代留欧学人与西学东渐》《另一种西学——中国现代留德学人及其对德国文化的接受》《中德文化关系评论集》《变创与渐常：侨易学的观念》等等，不一而足。相关研究看似庞杂，实为其视阈宽广、博学深思的必然结果，是跨学科整合研究的体现，符合当今学术研究的大趋势，我个人对此非常赞赏。

本人最感兴趣的还是叶隽教授体现其宏大学术抱负的建构现代中国的"德国学"的努力。通常情况下，"×国学"是×国之外的学者涉及×国研究的学问，有如汉学乃国外学者研究中国的学问一样。从这一意义上，中国的"德国学"乃中国学界研究德国的学问。这在中国学界尚属全新的学术概念。关于中国的"德国学"，叶隽教授有明晰的界定："作为一种汉语语境中新兴学术概念的'德国学'……包括两层含义。从广义上来说，是泛指一切与德国相关的学术研究工作，即相近于宽泛意义上的'德国研究'（Deutschlandstudien）。……从狭义上来说，……（是）以现代德国（19—20世纪）为主要研究对象的一种跨学科意识为主体的'学科群'建构，关注的核心内容是德意志道路及其精神史探求。"[①] 我个人倾向于前一种广义上的"德国学"的定义，而后者则可视为中国特色的"德国学"的内在联系的探索和学术升华，也是中国"德国学"的终极学术探求目标。

叶隽教授建构现代中国的"德国学"的努力可以从其《德国学理论初探——以中国现代学术建构为框架》一书中窥见一斑。诚如其所

---

① 叶隽：《德国学理论初探——以中国现代学术建构为框架》，上海外语教育出版社，2012，第97页。

言，要建构中国的"德国学"并非易事。今天中国的"德国学"问题"不再是简单地将各学科有关德国研究的内容机械相加"，而是要进行"跨学科"的"互涉整合"。这种跨学科的整合和思考意味着对研究者"知识结构"和"学术思维"的"重大挑战"。① 基于这种看法，叶隽教授在推动建构中国的"德国学"时，显然对中国"德国学"的学科分布状况和发展特点做了跨学科视角的充分了解和掌握。他不仅对于中国德文学科的发展认识深刻到位，对于包括哲学、历史、政治、军事和教育等学科在内的学术史缕述也给人留下了极深的印象。本人长期从事德国史研究，故而对叶隽教授有关中国德国史研究的学术史梳理尤其印象深刻。在该著作中，叶隽教授不但对于中国学界德国史研究的早期发展有所了解，而且对新中国成立以后，特别是改革开放以来中国德国史研究的进展和脉络做了清晰的勾勒，显示了作者敏锐的学术洞察力和极强的凝练把握能力。②

　　叶隽教授的新著《德国教养与世界理想——从歌德到马克思》可谓上述"德国学理论初探"之后对"德国学"的实践性推进。在该著的"绪论"中，作者再次强调要建构具有"独立理论品格的'德国学'"，通过"选择具有足够代表性的学域作为联通案例"来突破现有学术体制的藩篱。③ 基于此，新著在理论框架和学术思路上也决意大胆尝试，突破传统的学术藩篱，明确提出了"以文本为田野，以历史为空间，以侨易学为资源，……以文学史本位为基本立足点，试图

---

①　叶隽：《德国学理论初探——以中国现代学术建构为框架》，第 97–98 页。
②　同上书，第 107–110 页。
③　本书正文第 1 页。

勾勒从歌德到马克思时代的文学史、教育史、政治史、思想史的互动关系"①。而要做到这一点，学科之间的互涉整合显然无法回避。

　　鉴于"对德国学和德国思想的终极认知而言，歌德与马克思都有着更为深刻和更具有代表性的意义"②，新著恰当地选择了歌德学和马克思学作为"联通案例"，尝试在德国乃至欧洲历史的谱系之中，通过教育、文学、政治、文化等层面的"联通性"横向广谱考察，建构出德国精神史领域的"歌德—马克思"结构③，以期对"德意志的精神世界"进行一种"德国学"层面的学术整合。应该说，虽然"联通性"考察困难很大，但新著基本做到了。作为学科间互涉整合的结果，呈现在人们眼前的歌德，不仅是一个作为世界级大文豪的歌德，还是一个与文化、政治和社会有着密切关联的、鲜活的、世俗的歌德。通过对"大学教育与歌德的教养形成"、"歌德的文人之路与官宦生涯"以及他基于德意志民族情感之上的"世界文学"情怀④等的探寻，歌德的完整形象得以还原。"很难想象，没有对于政治、社会生活的亲身体验，歌德的作品会有如许蒸腾如生的生命气息。"⑤这种结论显然是从前囿于某个单一学科研究而难以得出的。同样，新著对马克思也做了整合性的全方位展示：他的思想形成的轨迹；学术界鲜少提及的他在文学世界的尝试和认知；艰难时世中的他如何兼理论家与政治家于一身，决意"改变世界"⑥；其博大宏伟的"世界理想"；等等。这些研究使得马克思的形象更趋丰满。正是从这种不同维度的广谱性考察中，人们才能体认到歌德与马克思这两位伟人所历经的教育

---

① 本书正文第 17 页。
② 本书正文第 3 页。
③ 本书正文第 17 页。
④ 本书正文第 141–143 页。
⑤ 本书正文第 122 页。
⑥ 本书正文第 130–136 页。

制度、文化氛围和政治环境，以及由此促成的相似的追索和进取的德意志精神取向。

在横向广谱性考察的同时，新著也寓以一种纵向变动的历史语境，以此凸显歌德和马克思这两位德意志精神领袖的差异及其历史根源，从而向人们展示 18、19 世纪德国精神史发展的动态画卷。这种纵向变动的历史语境包括 18 世纪下半期与 19 世纪上半期德意志大学教育的制度性变革，歌德与马克思的各自成长背景和职业生涯，甚至包括马克思的西欧侨易经历①，以及在此基础上形成的认知差异乃至"精神之变形"②。这种纵向变动的历史语境使相关探究鲜活而不乏深度，从而置精神史视阈下的"歌德—马克思"结构于饱满充盈状态。

作为一种必然结果，在打破学科藩篱之后整合出的"歌德—马克思"结构，呈现自马丁·路德（Martin Luther）以来德国人的二元论精神史结构迷思。马丁·路德曾在论及基督徒的自由时就提出了人的灵魂和肉体二重性。前者是内在的，是自由的；后者是外在的，受约束的。这种矛盾的二重性实际上凸显了主观愿望和客观现实之间的矛盾落差。这一命题也成为德国许多文人学者痛苦的根源和探寻解决的方向。歌德和马克思自不例外。

显然，在《德国教养与世界理想——从歌德到马克思》中，叶隽教授也清楚地看到了这一问题。因此，在"文史哲融通"之后，基于文学本位之上的大文豪歌德的光辉形象遇到了现实领域的"世俗"阴影。他虽然是一位精神伟人，却无法隐匿其"鄙俗气"的官宦生涯。

---

① 本书正文第 81-92 页。叶隽教授曾以专著论及侨易学，提出了"物质位移导致精神质变"的看法。见叶隽：《变创与渐常：侨易学的观念》，北京大学出版社，2014，第 21 页。

② 本书正文第 93 页。

出于强权暴力压境的现实，他不得不"屈辱"地去见拿破仑①，等等。对于歌德的这种矛盾形象，作者把它归结为"自身二元分裂的痛苦之中的困惑"②，这实际上是人们在追求理想与适应客观现实之间的一种痛苦妥协。最终，歌德只能将他的世界理想更多地寓于虚拟文学的想象追求之中。作为学者的马克思则不然。诚如作者所指出的那样，马克思在追求世界理想的同时，提出了"改变世界"的命题，实际上是要把世界理想的主观放纵转变为对外部世界的积极践行改造。这就从根本上颠覆了自马丁·路德以来德国精神史的矛盾结构，使人的主观认知与客观实践之间有了同一的可能性。

从上述意义上，我非常赞同作者提出的观点："如果说歌德意味着德国思想在精神领域的不断追索，那么马克思则意味着德国思想在物质世界的大胆尝试。"③换言之，在"歌德—马克思"结构中，德国精神最终达到了一种"知行同一"的完美境界。对于德国精神史的这种释读，也只有在整合各学科或者说"文史哲融通"的"德国学"的视阈下才能达到。从某种程度上讲，这应该也是叶隽教授倡导建构中国的"德国学"的意义所在。

新著《德国教养与世界理想——从歌德到马克思》还只是"德国学理论初探"之后的实践性初探，其中各学科之间的有机整合显然还有很大的努力空间。期待叶隽教授有更多更好的基于"德国学"之上的论著出版。

邢来顺

2016 年 8 月于武昌桂子山

邢来顺：中国德国史研究会会长，华中师范大学历史文化学院教授、博士生导师。

---

① 本书正文第 126、140-141 页。
② 本书正文第 157 页。
③ 本书正文第 3 页。

目　录

第一章 绪 论

一、作为整体视域的德国学及其核心领域：
从歌德学到马克思学

我曾强调，对于现时代的中国学界来说，构建具有独立理论品格的"德国学"（Germanology）是很有必要的。而在我看来，在一个整体视域的德国学中，可以列举的内容，并不仅仅是简单的学科内容的相加，如德国文学、德国历史、德国哲学、德国教育、德国政治、德国经济等，更应当指向突破现有学术体制所造成的学科藩篱，选择具有学域联通效果的命题，以达到一种追本溯源的科学探求的目的[①]。如果出于这样的目的，则"歌德学"就是一个可以作为例证的最佳学域，这不仅是因为具体个案的重要意义，而且也因为德国文化版图里实在是过于星光灿烂，我们必须选择具有足够代表性的学域作为联通案例。如果删繁就简地来说，在歌德学之外，马克思学也是特别值得考虑的内容。

---

① 参见叶隽：《德国学理论初探——以中国现代学术建构为框架》，上海外语教育出版社，2012。

1874 年至 1875 年冬季，赫尔曼·格林（Herman Grimm，1828—1901）在柏林大学开设讲座，他要求："几千年来有一门叫做荷马的学问，这门学问有其代表人物，而且一直未曾中断；几百年来有一门叫做但丁，或莎士比亚名字的学问。从现在开始，就将有一门叫做歌德的学问。歌德这个名字早已不仅属于他个人，而且属于一个大的整体。"[①] 实事求是地说，对歌德学（die Goethe-Philologie）确立的意义[②]，怎么高估也不过分，因为它将一个具体的人物提升到一个重要的学术领域，并且带动了整体学术的交流与发展；同样，马克思学（Marxologie，英文为 Marxology）的建构也同样有着一点都不逊色的意义[③]，因为，它意味着将对马克思这样一个伟大的人物的研究兴趣提升到学术领域的全面学科建构层面。我们应该承认，自 20 世纪以来，随着马克思学说的重要影响不断扩大，以及显示丰富魅力的实践，也就自然产生了一门叫作"马克思学"的学问。

那么，问题随之而来，为什么不是莱布尼茨，不是康德，不是黑格尔；甚至不是席勒，不是海涅，不是尼采？为什么不是洪堡，不是贝多芬，不是俾斯麦？德国星空，遥列群星，真是让人心生敬意、神

[①] Karl Robert Mandelkow (Hrsg.), *Goethe im Urteil seiner Kritiker-Dokumente zur Wirkungsgeschichte Goethes in Deutschland*（《批评者眼中的歌德——歌德在德国影响史资料》）Band Ⅲ（München: C.H. Beck, 1979），S.72.

[②] 但真正在学科史意义上将其构建成功的，仍当算是文学史名家谢勒尔（Wilhelm Scherer, 1841—1886），他于 1877 年发表的《歌德学》（die Goethe-Philologie）一文，真正尝试从方法论上构建了歌德学作为专门学问的学理基础。参见 Wilhelm Scherer, "Goethe-Philologie," in *Goethe im Urteil seiner Kritiker - Dokumente zur Wirkungsgeschichte Goethes in Deutschland*. Band Ⅲ. Hrsg. Karl Robert Mandelkow（München: C.H. Beck, 1979），S.78–90.

[③] 虽然马克思学由作为马克思、恩格斯对立论代表人物的吕贝尔（Maximilien Rubel, 1905—1996）提出，但其学术价值不容忽视。参见 Maximilien Rubel, *Rubel on Karl Marx*（Cambridge: Cambridge University Press, 1981）. 关于马克思学的意义，参见鲁克俭：《国外马克思学研究的热点问题》，中央编译出版社，2006，第 1–3 页。

思皆往。然而我们必须回答，马克思的学术史意义或许要更为凸显，因为无论是马克思对于资本主义解构的重大理论价值，还是他本身具有的实践品质，都具有不可复制性和不可替代性。从学术建构的角度来说，当然我们也可以将上述诸贤都立名为学，事实上关于他们的研究，也多半蔚为大观，至少在德国就有各自的专门学会，专家学者也不乏其人。但就对德国学和德国思想的终极认知而言，歌德与马克思都有着更为深刻和更具有代表性的意义，甚至是不可替代的。诚如马克思所言："哲学家们只是用不同的方式解释世界，问题在于改变世界。"[①] 如果说歌德意味着德国思想在精神领域的不断追索，那么马克思则意味着德国思想在物质世界的大胆尝试。作为诗人的歌德，他所代表的是书斋中静默思想、构筑辉煌的哲人诗人学者的道路；而作为学者的马克思，他在制度学术之外，另行体制外的学术路径，并且以其不可磨灭的政治实践开辟了不可替代的另一条道路，同样是极具学术史价值的。而且更重要的是，他们殊途同归，走向的是一种德国性的世界理想，试图为生民择新图，为人类开太平。

我们当然不应忘记在宏观性的整体视域中来理解这一进路。如此，则对洛维特（Karl Löwith, 1897—1973）的判断不妨略作征引："歌德使德国文学成为世界文学，而黑格尔则使德国哲学成为世界哲学。他们的创作力量具有一种完美的规范性，因为他们的意愿与他们的能力是一致的。"[②] 歌德、黑格尔虽然相差一代人，但活动的范围在后期基本重合，都在 1830 年代之初相继辞世，所以他们基本上可以被理解为同时代人。事实上，他们两人的思想虽时有冲撞，但对最终的本源追问和探索都是相通的，故此将其相提并论，确实触摸到了德

---

① 马克思：《关于费尔巴哈的提纲》，载中共中央马克思恩格斯列宁斯大林著作编译局编译《马克思恩格斯选集》第一卷，人民出版社，2012 年第 3 版，第 136 页。

② 卡尔·洛维特：《从黑格尔到尼采：19 世纪思维中的革命性决裂》，李秋零译，生活·读书·新知三联书店，2006，第 3 页。

国精神的脉搏所在。如此还要理解两者对于后来德国精神史谱系的某种规定性作用：

> 　　当歌德和黑格尔在对"超越的东西"的共同抵制中想建立一个让人们能够与自身同在的世界的时候，他们最亲近的学生已经不再视他们为家园了，他们把自己老师的平静误认为是一种单纯的适应的结果。歌德的自然赖以为生的中心，黑格尔的精神在其中运动的调和，都在马克思和基尔克果那里重新分裂为外在性和内在性这两极，直到最后尼采要借助一次新的开始，从现代性的虚无中召回古代，并在从事这种试验时消逝在癫狂的黑暗之中。①

这段论述有几个要点值得特别把握：一是歌德、黑格尔各自之立定原则立场有异，歌德是"自然"、黑格尔是"精神"，也就是按照我的说法，作为古典思脉、启蒙思脉的代表人物，二者"异中存同"；二是代际叛逆的宿命，后来者不可能不取"对抗前人"的姿态，因为这不仅是后来者年轻气盛的必然立场，也是场域规定的法则；三是在精神史谱系中考虑问题，甚至不仅是德国思想谱系，譬如基尔克郭尔（Søren Aabye Kierkegaard, 1813—1855）是丹麦人，但他的思想定位和选择，显然就是在德国影响和欧洲整体语境中确立的。尽管如此，我还是要强调，不选择"歌德 - 黑格尔"作为结构，因为黑格尔和歌德离得还是太近，思想上的跨越还不是那么大，不足以覆盖德国精神史上的大格局。

———————————

① 　洛维特：《从黑格尔到尼采：19世纪思维中的革命性决裂》，第37—38页。基尔克果即基尔克郭尔。

二、德国精神史格局中的"歌德－马克思"结构：以文学世界为视角

所谓知人论世，换过来说其实也成立，就是要知世论人。因为没有对个体所处语境和谱系的横向、纵向坐标的全面把握，想理解其事功心迹，近乎不可能。我们想要把握歌德、马克思这两个伟大人物在德国思想史格局中的位置，就必须借助史家的谱系勾勒。在狄尔泰的叙述中，是有一个完整的"德意志精神"谱系的："自路德和莱布尼茨以来，德意志精神的历史努力造成宗教、科学和文学创作的内在的和谐，这种和谐的根基是精神深入自身以及从这种深度中塑造自身。于是就产生了世界历史的力量，它的统一的作用从 18 世纪起从德意志传播到欧罗巴。这种力量填满了歌德时代所有的创造物。在从我们的生存的无意识的深处探取普遍人性这方面，歌德同康德、费希特和黑格尔的超验哲学以及贝多芬的器乐相结合，在依据人的本质的内在法则塑造人这种理想方面，他同上述三位哲学家以及席勒、洪堡和施莱尔马赫是一致的。在这种新文化的土壤上产生了文学创作的世界，它由歌德、席勒和让·保尔所创建，从诺瓦利斯和荷尔德林起又被扩建。"[①] 如何继续扩建，狄尔泰没有细加论述，但如果我们按照他的思路，将这一德国精神史的谱系绘成一种"家族树"（Familiebaum）一样的直观图，则马克思无疑是其中的耀眼星辰。不过，从这段叙述看

---

① 威廉·狄尔泰：《体验与诗》，胡其鼎译，生活·读书·新知三联书店，2003，第 166-167 页。另参见 Wilhelm Dilthey, *Das Erlebnis und die Dichtung*（Leipzig & Berlin：Verlag B.G.Teubner, 1915）.

来，狄尔泰的大局观还是相当不错的，他并没有仅仅局限在哲人的精神世界中，而是将诗人、学者都包容在内，甚至地位一点都不逊色，譬如席勒、荷尔德林、保尔等人确实重要。

对于马克思的定位问题，西方学者颇有为难，因为其在西方思想史上属于挑战者地位，而且著述宏富、思想独特，想合情合理地给其"英雄排座次"，确实相当有难度。所谓"明知山有虎，偏向虎山行"，西方学界倒也不乏高手，愿意为此难事，而其中我独佩维塞尔（Leonard P. Wessell）之大胆立论，将马克思定位在"浪漫诗人"的座椅上，非他，盖有深意蕴焉：

> 马克思是一位诗人？一位浪漫派诗人？这确实是个矛盾！诗歌和"科学社会主义"的创始人有何干系？我愿斗胆作答：有很大关系！的确，马克思的科学社会主义的观点本质上是变形的诗歌，其无产阶级的"发现"，即科学社会主义庞大体系的关键要素，是受到马克思早期（1836—1837）诗歌兴趣的极大推动。这是我的论点。在我看来，无产阶级构成了德国浪漫主义最重要的概念之一，它是"反讽"的化身。无产阶级是焕发异彩的"反讽"，而其唯一的依据是自身的解放力量。总而言之，如果无产阶级想要在现实里得到认识，无产阶级的"真实"的形式必定是诗歌的形式。①

这一立论大胆而富有新意，因为其中穿透了一种通识之明达，尤其将本来属于高端抽象、阳春白雪的诗境与关系国计民生的政治有效地进行了联结，确实见其高明之见地与论证之严谨。但其立意又不仅在此，而是进一步将无产阶级这一历史现象定位在"诗化浪漫"的层

---

① 维塞尔：《马克思与浪漫派的反讽——论马克思主义神话诗学的本源》，陈开华译，华东师范大学出版社，2008，第1页。

面，其含义甚深，值得揣摩。马克思是否与文学有关？这种问题实在不值一提，因为马克思的出身本就应当算是一个文学青年。如谓不信，不妨看看青年马克思如何对歌德顶礼有加。譬如他曾专门写过两首十四行诗，题名就是《歌德》：

> 魔术师来自巍峨的层峦叠嶂，
> 他鬓发如银，气宇轩昂，
> 神奇的精灵在他周围回翔，
> 激起清风吹拂他的面庞。
> 他莞尔一笑眺望远方，
> 笑看众生熙来攘往，
> 他心如明镜，凝重安详，
> 含笑面对众生的梦想。
>
> 随后他毅然把琴弦拨响，
> 琴声像天宇间运转的太阳，
> 仿佛那光华四射的诸神
> 潜藏在琴里把神曲吟唱。
> 他不愿把天堂迁往人间，
> 他要让人间之火烛照天堂。[①]

我们看一看，在马克思的笔下，歌德是何等的高大伟岸，气概非凡。尤其是拨响诗琴的激情，竟然是如此的美轮美奂而神性在焉。至于说到他们对普罗米修斯的共同尊崇，那就更是知音之言了。在歌德的笔下，普罗米修斯是一个骄傲的反叛者，他叛逆的直接对象就

---

① 马克思：《歌德——十四行诗两首》，载中共中央马克思恩格斯列宁斯大林著作编译局编译《马克思恩格斯全集》第一卷，人民出版社，1995年第2版，第848页。

是主神宙斯，这段话是很具有颠覆性的："不就是全能的时间／和永恒的命运，／我的也是你的主宰，／把我锻造成男子汉么？"（Hat nicht mich zum Manne geschmiedet ／Die allmächtige Zeit ／Und das ewige Schicksal, ／Meine Herrn und deine? ）①。而马克思也同样对普罗米修斯寄予别种意义，他在博士论文中引用希腊剧作家埃斯库罗斯（Aischylos，前525—前456）的《被锁链锁住的普罗米修斯》中的诗句"我痛恨所有的神"，认为这"就是哲学自己的自白，是哲学自己的格言，表示它反对不承认人的自我意识是最高神性的一切天上的和地上的神。不应该有任何神同人的自我意识相并列"②。总而言之，在马克思眼中，"普罗米修斯是哲学历书上最高尚的圣者和殉道者"③。对于歌德的精神史与思想史位置，有论者交代得非常清楚：

　　　倘若没有歌德，我们就不会是我们今天所是的样子。宣称这项判断的真实性不存在丝毫困难，但任何致力于此任务的人都

---

① 德文见 Werke: Gedichte (Ausgabe letzter Hand. 1827), S. 465. Digitale Bibliothek Band 4: Goethe, S. 794 (vgl. Goethe-BA Bd. 1, S. 328). 中译文参见歌德：《普罗米修斯》，载《歌德文集：第8卷：诗歌》，冯至等译，人民文学出版社，1999，第79页。

② 马克思：《德谟克利特的自然哲学和伊壁鸠鲁的自然哲学的差别》，载中共中央马克思恩格斯列宁斯大林著作编译局编译《马克思恩格斯全集》第一卷，人民出版社，1995年第2版，第12页。

③ 引文出处同上。

当然值得指出的是，普罗米修斯是作家经常选择的经典题材，譬如英国诗人雪莱（Percy Bysshe Shelley, 1792—1822）就曾做过反弹琵琶的诗剧《解放的普罗米修斯》（*Prometheus Unbound*, 1820），但立意很不一样。《解放的普罗米修斯》是以普罗米修斯摆脱枷锁，推翻朱庇特的统治，与阿西亚重聚为结局的。有论者认为此剧"表面上对历史必然性的观点显示出更大的信心"，"普罗米修斯进行的斗争被认为是反抗绝望与暴政的战斗；他的功绩体现在身心的双重解放，体现在从内外敌对力量的控制下解放出来的高度的意识状态"；并认为此处的普罗米修斯形象部分源于弥尔顿笔下的撒旦形象。参见安德鲁·桑德斯：《牛津简明英国文学史》，谷启楠等译，人民文学出版社，2000，第560页。

将冒着变得学究气的风险。像歌德所产生的这些改变了精神气候的影响，必定是渊博的知识和个人内在体验的一种直觉式综合的产物。诚然，康德和黑格尔引导着同时代的思想沿着新的道路前进，这些新的道路看起来业已产生了比歌德所能产生的更为广泛持久的影响。席勒的诗歌，虽说其思想性的内容往往是占主导地位的，对德国人的心灵产生了更为深刻的影响——至少在十九世纪是这样——也许其诗歌传达出来的情感内容，比起歌德所传达的要更加直接，色彩更加单纯。但没有人像歌德那样如此深刻地同时抓住了思想和感情，尤其是如此深刻地抓住了总体性的内在精神生命。①

这样一种区分是必要的，即思想－感情。思想是一种理性的产物，而感情更是感性的结晶。歌德其实始终在理性－感性之间彷徨歧途，按照席勒的说法就是："常常是我在进行哲思的时候，诗人就迫不及待地跳将出来；或而当我创作的时候，哲人的精神又占据上风。就是现在，我也常遭遇这种困惑，想象力会干扰我的抽象思维，而冷静的认知又将创造之思打断。"②这当然也不是歌德、席勒这样伟大的个体碰到的个性问题，而是思想史上的普遍性问题，甚至属于"二元三维"结构中的一个元问题。关于"诗思关系"问题，维塞尔也有很深刻的思考，他指出：

> 创造价值的过程同时也是价值客观化的过程，人通过感知意义，并进而获得意义，由此价值在人自身周围环境——物质环境或者社会环境——中得以体现。如果事实的确如此，那么，人

① 弗里德里希·梅尼克：《历史主义的兴起》，陆月宏译，译林出版社，2009，第407页。

② 席勒 1794 年 8 月 31 日致歌德函，载 Siegfried Seidel, *Der Briefwechsel zwischen Schiller und Goethe*（《席勒歌德通信集》）Erster Band（München: C.H.Beck, 1984），S.18.

类文化本身（文化可能是人类最具野心的价值创造）就是一个客观化价值的系统。个人感觉到自己与文化、宇宙有意义地融为一体，那么可以说，他能够把客观世界"阅读"为意义系统的"语言"。因此，广义上说，现实成为了一首诗，客观世界则成为一个使个体存在合法化的象征性宇宙。客观性可理解为表征人类存在的有效性，它无疑就是诗歌。①

在这里，诗的意义得到开启，仿佛可以由此扬帆，覆盖整个的人类社会；反之，社会再为复杂，也可能"一沙一世界"，进入到个体的诗意建构过程中去。不仅如此，维塞尔还进一步指出："在最深层的意义上说，诗意关注更多的不是语言，而是意义。"②这个见地就更是高明了，一般我们都会理解到语言的重要性，将语言和诗歌的互动关联呈现，但这里强调意义的重要性，就一下子将诗明确定位在思想的层面。其实，就思的层面而言，诗的意义绝不低于哲学，甚至要超出之。所以有论者才会说："一等的天才搞文学，把哲学也讲透了，像莎士比亚、歌德、席勒。二等的天才直接搞哲学，像康德、黑格尔，年轻时也作诗，做不成只得回到概念里。三等的天才只写小说了，像福楼拜。"③

马克思的问题，不仅需要放置在哲学史的进程里来审视，譬如由康德－黑格尔的启蒙进度；文学史的目光也极为重要，不仅是一般意义上的衡诗论文，更有拓展一层就可以海阔天空的"文学世界"之定义。梅林（Franz Mehring，1846—1919）曾不为尊者讳地对马克思

---

① 维塞尔：《马克思与浪漫派的反讽——论马克思主义神话诗学的本源》，第2—3页。

② 同上书，第3页。

③ 当然，"这是谈天才。而我们这些读书人至多是人才而已。若不用功，便是蠢材"。（引自赵越胜：《燃灯者——忆周辅成》，湖南文艺出版社，2011，第24页）。

的文学创作进行了相当一般的评价，或谓这些诗仅为"浪漫派的竖琴之音"①，或者干脆说"这些青年时代的诗作散发着平庸的浪漫主义气息"②。在我看来，还是维塞尔别具只眼，在他看来："这一欠缺与其说表明一个天才的夭折，不如说反映了后期浪漫主义的激进演变。"③ 这就将论述的眼光投入德国文学史的纵深之处，要求我们深入理解德国浪漫派文学，乃至浪漫思脉的整体轨迹及其复杂流变，甚至是作为制度语境的若干背景，其中尤其重要的是貌似简单但却人人不可脱离、具有普遍规训的教育制度，这里就将其暂且集中于勾连个体与社会的重要教育阶段——大学。

三、作为制度的教育规定性：
　　德国大学的意义

就一般意义而言，我们会特别强化文明的三层次结构，即器物、制度、文化。但同时强调这三层次之间也是一种流动变化关系，并非绝对固定的、一成不变的。这道理也不复杂，根据侨易学的观念，任何事物都是在复杂的流易变化过程之中，有其变的一面，那是具象层面的；更有其不变的道的方面，乃是抽象的元道。而在这样一种理解维度中，我会特别强调作为制度的教育的重要性。制度当然是在政治层面来理解的，因为只有在直接权力的作用之下，制度才可能有效和

---

① Franz Mehring, "Einleitung"（导言），in *Aus dem literarischen Nachlaß von Karl Marx und Friedrich Engels 1841–1850*（《马克思与恩格斯的文学遗产》）Band Ⅰ, Hg. Franz Mehring（Stuttgatt：Dietz Nachf, 1920），S.26.

② 弗·梅林：《马克思传》，樊集译，人民出版社，1973，第20页。

③ 维塞尔：《马克思与浪漫派的反讽——论马克思主义神话诗学的本源》，第5页。

发挥作用，而教育虽然可以归为上层建筑的高端内容，但作为制度，它则更多具有权力意义。

　　所以，我们在具体研究中，先从作为制度的教育切入，考察歌德、马克思作为少年人的规训过程。德国的"教育"过程是一个非常有意思的现象，因为这和他们的民族性形成有很密切的关系，再伟大的人物或出轨的人物都不可能脱离青年时期在制度内所接受的教育。那么，我们要注意两个概念，一是"受教育的公民"（Bildungsbürger，也译作教养市民）、一是"受教育的市侩"（Bildungsphilister）[①]。它们显然是两个分概念，两者有一点针锋相对的意义，即即便同样接受教育，也会出现"南橘北枳"的效果，可以是高层次的知识精英的儒雅形象，也可能是街头巷尾之小市民。新兴大学与传统大学的竞争，进一步演变成新兴大学之间的相互竞争，早期的哈勒 VS. 哥廷根，后期的哥廷根 VS. 柏林，其实都体现出这一点。18 世纪后半期，哈勒大学"遭遇了哥廷根大学的激烈竞争，而且最终被后者超越"[②]。或许，我们同样也可以如此叙述：19 世纪中后期，哥廷根大学遭到了柏林大学的有力挑战，后者很快获得领先地位并最终确立现代西方的大学范式。毫无疑问，政治背景对大学发展是有影响的，相比较柏林大学替代哈勒大学的悲壮，哥廷根大学的运气要好得多，由于居维叶（Georges Cuvier, 1769—1832）的说情，哥廷根大学没有被拿破仑所解散，而是继续得到发展[③]。但"自作孽不可活"，汉诺威新国王奥古斯特（Ernst August, 1771—1851）的专制愚

---

　　① Friedrich Nietzsche, Werke und Briefe: 1. David Strauß. Der Bekenner und der Schriftsteller. Friedrich Nietzsche: Werke, S. 3743 (vgl. Nietzsche-W Bd. 1, S. 142) (c) C. Hanser Verlag http://www.digitale-bibliothek.de/band31.htm.

　　② 弗里德里希·包尔生：《德国大学与大学学习》，张弛等译，人民教育出版社，2009，第 48 页。

　　③ 戴问天编《格廷根大学》，湖南教育出版社，1986，第 41 页。

蠢，使得 1837 年"七君子事件"发生①，导致哥廷根一落千丈，教授远离、学生锐减，1849 年的在校生只有 582 人②。也正是在此期，新建的柏林大学群英荟萃，以一种超常的速度发展起来。到 19 世纪中期，德国大学已明显在世界上占有领先地位，拥有多所世界一流高等学府，柏林大学更是长期以来享有世界性声誉的名校③。而马克思这代德国大学生的生性教养由一件小事可见一斑，鲍威尔、马克思和李卜克内西（Karl Liebknecht, 1871—1919）就曾一起在伦敦"聊发少年狂"，"像过去大学生那样恶作剧"，进行"喝啤酒漫游"④，并且在英国人面前夸张地"扬德抑英"，结果则是强烈冲突，他们用碎石子砸碎煤气路灯，差点被警察捕去，因为"在伦敦这个地方，人们对德国大学生的恶作剧可不会客气"⑤。

---

① 哥廷根大学属汉诺威王国管辖。1837 年，汉诺威国王威廉四世逝世，其弟奥古斯特即位，却拒绝立誓于其兄指定之宪法（即 1833 年的自由主义宪法）。如此公然践踏法律尊严，引起了轩然大波。但面对强权在握的君主，知识界空有道义正气，却并无可以抗衡的武器。说，还是不说，成了摆在知识精英面前的一大难题。在这种情况下，有少数教授决定挺身而出，这七人，均乃哥大教授，分属不同学科：达尔曼（史学家）、格尔维努斯、格林兄弟、阿尔布雷希特（法学家）、埃瓦尔德（东方学家）、韦伯（物理学家）。11 月 18 日，他们联名发表声明，认为国王废除宪法乃违法行为，而作为教师，必须负有双重使命，一方面是传授科学知识，另一方面则是坚守个人信仰，否则师道模范意义则必无存焉。同为德意志邦的君主，奥古斯特并无普王腓特烈二世的雅量，他将这种行径视为对自己王权尊严的挑战，并施压于七君子。他指责其中前三人（包括兄长雅·格林）为"顽固的核心人物"，不允许他们继续在汉诺威王国停留，限定三日离开；而其余四人则必须保持沉默。然则抗议书虽为"纸上谈兵"，可一旦散播到全德范围，则亦同样声势浩大，影响深远。教授启程离去之际，学生们自动群集、致辞、献花的活动，就是人心向背的最好证明。
② 戴问天编《格廷根大学》，第 44 页。
③ 为纪念柏林大学的创建者威廉·洪堡（Wilhelm von Humboldt, 1767—1835），后改称柏林洪堡大学。
④ 威廉·李卜克内西：《纪念卡尔·马克思——生平与回忆》，载中共中央马克思恩格斯列宁斯大林著作编译局编《回忆马克思》，人民出版社，2005，第 94 页。
⑤ 同上文，第 97 页。

但无论如何，我们需要承认，"在德国人的一生当中，那些在大学里的岁月总是非常重要的，由于教授的影响而决定学生一生思想倾向的情况并不少见"①。所以，我们通过考察歌德、马克思的教育（主要是大学求学），不但可以折射出德国大学史的发展历程——18 世纪至 19 世纪德国大学的迁变在这两个最优秀的德意志精英身上是如何落到实处的，即大学培养了怎样的毕业生（或人才）；同时也可以理解，这些伟大的德意志人是如何在特定制度规定之下得以养成的。启蒙背景下产生的歌德、马克思，都是这个链条与谱系中人，其得失成败按照不同的标准会有相异的评价，但他们作为德国大学的产物则是铁板钉钉的事实。我们还原初始语境，建构现场，重温历史，确实会有另一番风景呈现，不仅对个体如此，对德国大学亦然。20 世纪初时，作为大学史家的包尔生（Friedrich Paulsen, 1846—1908）不无得意地总结德国大学特点，似乎认为其不但是与英国大学、法国大学并列的三凤之一，而且更有兼容前两者而成欧洲大学典范的意义。如谓不信，不妨来读一读这一段："德国大学既是一个科学研究的实验室，又是一所进行所有高层次的通识知识和专业知识教学的学校，在我们考察其内部组织时，它不同寻常的特色就立即显现出来。与英国大学一样，它提供既具广度，又具深度的文理学科的课程教学，这是哲学院专门负责的范畴。与法国大学一样，它提供针对那些有学识职业的技术性教学，培养教士、法官和高级行政官员、医生和高中教师。然而，除此之外，德国大学还具有英国大学和法国的大学所没有的东西，那就是科学研究工作具有至高无上的地位，德国大学是科学探索的温床。"②这样一种对本国大学的自负之情，跃然纸上。不过，我们需要客观承认的倒也是，19 世纪初期之后，德国大学经由洪堡之改

① 包尔生：《德国大学与大学学习》，第 8 页。
② 同上书，第 3 页。

革而后来居上，成为世界大学的典范，这也正是歌德、马克思二人所处德国大学语境本质不同的地方。马克思享受到了洪堡改革之后的德国大学的现代崛起之强势，而歌德则仍是 18 世纪中后期德国大学的教育产物。如果从一般意义来看，所谓先进大学与特殊伟人的关系也未必就可以绝对视之。当然此中关系相当复杂，非三言两语可以厘清，需要深入分析之。然而，我更感兴趣的是包尔生对德国大学作为世界典范的描述：

> 一如当年德国人到巴黎和意大利"朝圣"一样，如今来自世界各地学习科学的年轻人纷纷向德国大学涌来，而且许多国家也相继开始效仿德国大学的教学方法。法国已经开始依照德国的模式，将各个系科整合成为了有机的整体。甚至在以前有丰富独立学院经验的英国，现在也采取了措施，重新组织大学教学。美国的几所优秀大学采取的将科学研究工作与教学工作统一起来的措施，也许是最为成功的。……[①]

这里其实揭示了一个"中心转移"的教育史、学术史现象，即"先为弟子后为师"。中国也曾经有过这样的经验，即曾有很多僧人前往印度取经求法，后来则是日本、朝鲜等地的僧人来华留学了。但必须指出的是，就在包尔生不无得意地为德国的世界学术与大学中心地位而骄傲的时候，也正如他所承认的，美国早已经历了这个历程，"到 1900 年为止，横渡大西洋到欧洲伟大的学术研究中心，主要是德国的大学留学的差不多 1 万名美国学者，坚定地服膺于学术研究和以科研为基础的教学和学习的思想回到美国"[②]。这一国际教育交流史上

---

① 包尔生：《德国大学与大学学习》，第 10 页。
② 伯顿·克拉克：《探究的场所——现代大学的科研和研究生教育》，王承绪译，浙江教育出版社，2001，第 3 页。

的划时代事件，使得美国后来发生了学术革命，并在 20 世纪 30 年代后迅速崛起，取代德国成为世界高教与科研中心。既肯南面受教，必然后来居上。20 世纪当中完成的世界霸主角色转移过程可以说是饶有兴味，英国强弩之末，德国蒸蒸日上，然却终被美国取代，此中固然有政治、社会背景迁变的重大原因，但就教育体制内部来说，难道就没有值得反省的问题？譬如仅就德国大学而论，虽然"从第一次世界大战后到 1933 年纳粹上台前，德国大学及其科学水平仍是领先于欧洲其他国家的"①，但必须指出的是，正是在 20 世纪初期的德国教育制度中孕育了未来纳粹制度建立者、实践者的基本规训。

四、理论框架与学术思路

如果说在《文史田野与俾斯麦时代》中，我们强调以一种人类学的眼光来考察文学文本，尤其注重文学与历史交相印证所展现出的诗性真实一面，在结构上更倾向于"自下而上"地来关注历史演进结构，强调横向坐标的重要意义；那么，在本书中，我们转换观察视角，追问如下问题——随着启蒙继续发展的自身惯性和逻辑推演过程，在一部纵向演进的历史大剧中，马克思所身处和代表的时代，究竟是怎样的时代？究竟是国族发展的时代需求，还是异军突起的思想者孤影？抑或竟是诸种力量的合力作用？由于马克思和俾斯麦是同龄人，也是同代人，所以马克思时代在某种意义上也就是俾斯麦时代，

---

① 以诺贝尔自然科学奖为例，1918—1933 年，德国获奖者为 14 人，英国为 10 人，法国为 3 人，美国为 4 人。参见贺国庆：《德国和美国大学发达史》，人民教育出版社，1998，第 183 页。

通过不同的入手观察点，则可获得完全不同的观感，正可谓"横看成岭侧成峰，远近高低各不同"。当然需要声明的是，在这一过程中，相比较俾斯麦时代研究的相对下沉，此书则无法完全孤立地在器物层面来考察，而必须使之更多承担文化层面的含义。

故此，本研究的研究思路是，以文本为田野，以历史为空间，以侨易学为资源，借鉴布尔迪厄（Pierre Bourdieu, 1930—2002）的"文化场域"、福柯（Michel Foucault, 1926—1984）的"权力话语"理论等，以文学史本位为基本立足点，试图勾勒从歌德到马克思时代的文学史、教育史、政治史、思想史的互动关系。基本操作模式仍然为：以个案研究为方法，以文本细读为基础，重视史实梳理，暗藏比较思路；满怀"温情之敬意"，强调"理解之同情"，推动"拷问之对话"，尽可能从多场景、多领域、多元化的角度呈现历史的复杂图画，努力将之上升到思想史层面的问题还原。在具体论述中，既凸显对个案的深入探讨，譬如对歌德、马克思这两个核心人物的教育史梳理和侨易学分析，同时也从教育史、社会史、思想史等具体领域切入，始终以文学文本为基础，凸显文学史本位。在场域建构中，仍本"网链点续与棋域博弈"观念①，即强调政治、文化与社会场域之间的渗透与互动。

具体言之，全书共分八章。第一章为绪论，以作为整体视域的德国学建构为背景，强调"歌德学"与"马克思学"宜作为其核心领域；进而揭示出德国精神史格局中的"歌德-马克思"结构；强调作为制度的教育规定性，尤其是德国大学的意义；同时提供理论框架与研究思路。

全书主要内容分为三篇，以文明结构的三分法为主要关注内容，

---

① 其基本论述与思路，参见叶隽：《中国现代留欧学人与外交官、华工群的互动》，福建教育出版社，2012，绪论。

即制度、器物和文化。上篇考察"作为制度的教育",即选择以教育为切入点来考察制度的规训意义。第二章凸显18世纪德国背景,着重考察歌德的教养形成与世界意识的确立。具体则以歌德在莱比锡大学的求学经验为中心,探讨18世纪的德国大学场域及其规则;再以歌德自传《诗与真》为中心,勾勒歌德的成长年代;最后讨论非教育体制内的师生关系,探讨赫尔德对歌德的引导与压迫的双重维度,凸显导师力量与个体精神成长的重要性。

第三章研究马克思的教育背景与德国精神的变形,探讨19世纪德国的大学语境。具体则跟随马克思的足迹,考察其在波恩大学、柏林大学与耶拿大学的求学经验,并讨论其与背后教育制度的关联;复考察其家世,凸显闪系文化背景与改宗基督教的特点;再则重点考察欧洲内部的德、法、英侨易过程,勾勒其侨易语境;最后考察马克思的思想形成过程反映的德国精神之变形。

中篇关注"作为器物的文学、政治"。将通常被视为上层建筑的文学、政治作为个案研究的主题,分别考察歌德和马克思的文学、政治实践过程。第四章讨论文学世界的营拟、尝试与认知。首先考察场域视野中的歌德文学世界营拟;其次则以马克思的青年时代与歌德接受为中心,勾勒其文学世界尝试的实绩和经验;最后特别指出马克思的文学世界认知具有重要意义,这其中的重要动因乃是文学与学术的密切关联。

第五章勾画歌德、马克思活动于其间的不同政治场域,或为魏玛为官,或为伦敦流亡,其中都体现伟人的尘世之缘。通过勾勒18—19世纪的德国政治与文化生态,提供二者从政的基本语境,进而勾勒歌德的文人之路与官宦生涯,凸显马克思的流浪宿命与政治的另类表现方式,即所谓的"战士之途"。

下篇探讨"作为文化的世界、思维"。在文化层面,我选择了两个不同层面的角度切入:一是作为理念的具体概念的"世界",即包

括世界文学、世界公民、世界历史、世界心灵等不同层面，结合德国
精神史的传统来做较为深入的分析；二是作为核心组成的思维模式，
尤其突出探讨二元论的重要功用。第六章为"世界理想：世界文学、
世界市场与世界公民"，分别以歌德为入手点讨论世界诗人与世界文
学、以马克思为入手点讨论世界文学和世界市场，最后则归结为"世
界关怀与世界公民"的命题，探讨其与文史哲融通之后的德国精神的
关系。

第七章研究思维模式的二元论问题，即凸显从"二元对峙"到
"一元三分"的命题。其具体内容则由歌德、马克思的二元论模式展
开讨论西方传统的二元论认知，进而引入中国思维模式作为参照，以
"天演论"与"互助论"为例强调"二元表象"与"一元三分"的意
义，最后提出"和、同与中道思维"，进行一种认知史的意义揭示与
二元论的多重阐释。

第八章为结论。德国文明的进程，即便在欧洲或西方的整体架构
中也具有很大的特殊性和重要性，这一点通过伟人的文明史定位更能
看得清楚。本章分别从思脉结构与现代性、语言的力量、知识史线索
与文明架构的形成等方面进行阐发，即尝试在整个文明进程中来把握
歌德到马克思线索所表现出的核心意义。

总体而言，本书尝试在文明结构三层定位的整体性中去把握思想
史的意义。"百姓日用而不知"的层面是为"器物"，但器物层次必然
隐藏文化的深刻影响，无法摆脱制度的规定性限制。"直接发生影响
性"的层面是为"制度"，但制度层面也不是一劳永逸的，它在不断
变化之中，要接受器物、文化双重层面的冲击，是人类社会结构稳定
的关键、表象层次。"潜移默化见长效"的层面是"文化"，但文化并
非凭空而来之海市蜃楼，更无唯心独尊之色彩，它仍必须以器物为载
体，以制度为工具，如此才可能以一种"散入寻常百姓家"的方式润
物细无声，对人类发展史起到核心和决定性作用。而需要特别强调的

仍是，地球发展的语境是自然，其核心动力仍是人类，人类的可贵则在于文明，文明的核心是文化；在广泛性的文化层面的核心部分，则为"知识史"流传，按照李卜克内西不无夸张的说法就是："学习！学习！这就是他（指马克思，笔者注）经常向我们大声疾呼的无上命令；他自己就是这方面的榜样。"① 马克思的一生成就，自然与其知识域的不断扩张关系密切。所以，我们看到，无论是以诗性哲思为自己最高价值标准的歌德，还是以改变世界为自己鸿鹄之志的马克思，就其求知致思、探寻真理之轨辙和道路来说，其实并无二致。所以，重温他们的生命与思想轨迹，其实也就是给后来者展现一条路径："我们就可以选择一种使我们获得最高尊严的职业，一种建立在我们深信其正确的思想上的职业，一种能给我们提供最广阔的场所来为人类工作，并使我们自己不断接近共同目标即臻于完美境界的职业，而对于这个共同目标来说，任何职业都只不过是一种手段。"② 在这里，具体的职业已经不再是一种限制或束缚，而更多地具有了"为天下开太平，为人类谋幸福"的大哉之志！

① 李卜克内西：《忆马克思》，载苏共中央马克思列宁主义研究院编《回忆马克思恩格斯》，胡尧等译，人民出版社，1957，第105页。李卜克内西：《纪念卡尔·马克思——生平与回忆》，载中共中央马克思恩格斯列宁斯大林著作编译局编《回忆马克思》，第60-61页。

② 马克思：《青年在选择职业时的考虑》，载中共中央马克思恩格斯列宁斯大林著作编译局编译《马克思恩格斯全集》第一卷，人民出版社，1995年第2版，第458页。

第二章 18世纪的德国教育：
歌德的大学时代与教养形成

一、18世纪的德国大学场域及其规则：
哥廷根还是莱比锡？

如果歌德（Johann Wolfgang von Goethe, 1749—1832）的父亲不是莱比锡大学的校友的话，歌德恐怕还是会按照自己的意愿选择了哥廷根大学。毕竟，经过明希豪森（Gerlach Adolph von Münchhausen, 1688—1770）的改革，哥廷根的学术声誉卓卓日上。然而，歌德终究是去了莱比锡，由此亦可见其时父权的力量[①]。

不过，按照歌德自己的解释，他对哥廷根大学显然有着一种神

---

① 参见歌德：《歌德文集：第4卷：诗与真（上）》，刘思慕译，人民文学出版社，1999，第241页。[德文见 Werke: Aus meinem Leben. Dichtung und Wahrheit. Goethe: Werke, S. 9977 (vgl. Goethe-HA Bd. 9, S. 31) http://www.digitale-bibliothek.de/band4.htm.] 当然这里有必要提及歌德之父的教育经历，他早年在科堡高级中学（Koburger Gymnasium）毕业；1730年入吉森大学（Gießen）；1731年转入莱比锡大学；1735年到韦茨拉尔（Wetzlar）的德国最高法院任职；1738年在吉森大学获法学博士学位，其论文为《接受继承权的选择》（Electa de aditione hereditatis）。

往之情："我老是念念不忘格廷根大学。那儿的人物象海奈和米凯里斯，还有许多位学者，我很信赖。我渴望坐在他们的讲坛下，谛听他们的讲授。"[1]海奈（Christian Gottlob Heyne, 1729—1812）、米凯里斯（Jann David Michaelis, 1717—1791）两位都是其时享有盛名的大学者，都是治语言学的教授，后者尤以东方学而闻名。歌德对他们的兴趣显然非常之大，所以才会有想去哥廷根的念头。

　　虽然作为新兴大学的哥廷根大学创建于 1737 年，但它确实是 18 世纪在德国最享有声誉的大学之一。其创建者、长期出任大学学监（Kurator）的明希豪森虽是选帝侯乔治二世（August Georg Ⅱ，即 1714 年加冕的英国国王，他同时也是 1727—1760 年间的汉诺威选帝侯）的大臣，但作为大学学监也相当成功，他就曾非常明白地说过："我的大学伦理，以声誉和实用为基础。"（Meine Universitätsmoral ist auf das Interesse der Ehre und des Nutzens gegründet. ）[2]这一办学思路，确定了哥廷根大学的基本办学方向，在我看来，即所谓"启蒙大学观"的代表[3]。日后被学人归结为"哥廷根精神"的思想基础，则也

---

　　① 歌德：《歌德文集：第 4 卷：诗与真（上）》，第 240 页。[德文见 Werke: Aus meinem Leben. Dichtung und Wahrheit. Goethe: Werke, S. 10316. (vgl. Goethe-HA Bd. 9, S. 241) http://www.digitale-bibliothek.de/band4.htm.]

　　② 转引自 Helmut Schelsky, *Einsamkeit und Freiheit - Idee und Gestalt der deutschen Universität und ihrer Reformen*（《孤独与自由——德国大学之构建与改革》），（Reinbek bei Hamburg: Rowohlt Taschenbuch Verlag GmbH, 1963），S.36.

　　③ 参见叶隽：《哥廷根思想与德国启蒙大学观》，《书屋》2006 年第 9 期。

不妨从这里开始搜寻[①]。

　　然而，终究是"父命不能违"，歌德既不能如愿以偿入哥廷根大学，只能屈就莱比锡大学。话说回来，建于 1409 年的莱比锡大学是德国传统名校之一，不但历史悠久，而且声誉卓著，相比较"年资浅显"的哥廷根，在传统人士眼里的地位自然不可同日而语。歌德的世家身份显然帮了他的忙，他凭着介绍信去见宫中顾问（Hofrat）博麦（Johann Gottlob Böhme, 1717—1780），他当时担任莱比锡大学的法学和历史教授[②]。博麦无疑是个很好的导引者，他凭借自身兼任莱大教授的有利身份，为歌德在莱比锡大学的入学和选修课程，提供了很好的指导性意见，譬如先听哲学、法律史、罗马法和其他两三种课程[③]。就这样，1765 年，歌德按照最初的规划，进入了莱比锡大学。对于自己在莱比锡为时不长的大学生活（1765—1768 年），歌德有过相当详细的描述：

　　　　初时我用功地认真地听讲；可是哲学对我没有起什么启发的作用。逻辑学更使我觉得很奇异。我从小时起极随便地进行的思维活动，现在都要割裂、剖析和分离来察视，以便认识它的正确

---

　　①　德文中有所谓"哥廷根精神"（Goettinger Geist），其实蕴含了哥廷根大学的某种特殊气质和特性。可以和"德意志精神"（Deutscher Geist）相互参照。曾经留德的张维（1913—2001，著名力学家）先生则将这个概念译成"哥廷根思想"，并结合自己的经验与学科做了这样的解释："……他（指 Prandtl 教授，笔者注）所代表的德国学术思想，以及他从他的老师 August Foeppl（近代应用力学创始人）那里继承的治学方法对我影响极大。人们将它称之为葛廷根思想（Goettingen Geist，一言以蔽之，就是理论联系实际）。这个学派的研究工作既解决实际中的力学问题，发展了力学的基本理论，又解释并预测了自然现象，促进了生产。他们往往从特殊着手发展到一般，再返回到特殊。这种循环式上升很符合辩证法。他对力学界的影响远远超出了德国国界。"引自张维：《留德八年》，《欧美同学会会刊》1999 年第 3 期。
　　②　歌德：《歌德文集：第 4 卷：诗与真（上）》，第 245 页。
　　③　同上书，第 247 页。

运用。我自信我对于事物、世界和上帝的知识，差不多跟教师的本身一样，我觉得在好些地方被逼着停滞起来。不过一切还颇循序渐进……

以法律的讲授论，不久发现情形也是一样的糟糕：因为我所知道的，恰是教授认为应教给我们的那么些。我初时记笔记的孜孜不倦的勤勉渐渐松懈下来，因为我从前在父亲身边一问一答，常常复习，把法律的功课永远记在心头，现在再度把这些写下来，我觉得极无聊。……①

青年歌德的大学求学生涯描述，让我们不禁想起他在《浮士德》中所描绘的浮士德出场的第一句话："啊！哲学，/ 法学和医学，/ 可惜还有神学，/ 我都已彻学成绝。/ 可现在的我依然还是蠢材，/ 一定都不比以前聪慧！"②知识学习和学养形成的关系果真是如此悖逆吗？但由此我们可以见到，莱比锡大学至少没有给青年歌德以极大的兴奋和知识刺激的感觉。为什么会这样呢？究竟是歌德自己的"先天排斥"，还是莱比锡的"暮气深重"？或许，我们更需要进入的，是18 世纪德国的整体教育语境。

18 世纪的德国，还不是一个统一的民族国家，处于极度的分裂与松散状态。尽管如此，它在民族文化上已然经由前代精英的不懈努力，而有了强烈的"民族自豪感"和"独立意识"，这既表现在莱布尼茨（Gottfried Wilhelm Leibniz，1646—1716）提出的强调德语功

---

① 歌德：《歌德文集：第 4 卷：诗与真（上）》，第 247–248 页。[德文见 Werke: Aus meinem Leben. Dichtung und Wahrheit. Goethe: Werke, S. 10326–10327 (vgl. Goethe-HA Bd. 9, S. 247–248) http://www.digitale-bibliothek.de/band4.htm.]

② 德文见 Werke: Faust. Eine Tragödie. Goethe: Werke, S. 4546 (vgl. Goethe-HA Bd. 3, S. 20) http://www.digitale-bibliothek.de/band4.htm. 此处为作者自译。中译文参见歌德：《歌德文集：第 1 卷：浮士德》，绿原译，人民文学出版社，1999，第 15 页。

用的思想之中 [1]，也反映在莱辛（Gotthold Ephraim Lessing，1729—1781）等人对以戈特舍德（Johann Christoph Gottsched，1700—1766）为领袖所倡导的崇尚法国戏剧的新古典主义的批判上 [2]。这一点同样还表现在教育场的形成方面。那么，我们来看一看，教育场作为一个概念，在 18 世纪中后期的德国是怎么样的一种情况呢？首先，我们应当意识到，德国存在一种非常特殊的情况，虽然它的政治、经济未能形成统一的"场域"，但在文化领域则不然，由德语作为文化纽带，形成了一个相对一体的"文化场"，由此，就决定了其子场，诸如文学场、教育场、学术场、艺术场、传播场等，都是一个个一体化的"场域"。教育场中人物的流动是相当正常而频繁的，无论是学生还是教师。虽然，歌德少时即佼佼不凡，在学习方面显露出极为优秀的素质，但进入大学学习似乎与少年天分是两回事情。歌德在大学时代虽

---

[1] 如莱布尼茨曾撰文《关于德语运用与改善的不合时宜思想》（Unvorgreifliche Gedanken, betreffend die Ausübung und Verbesserung der deutschen Sprache）、《敬告德意志国民善用知性与语言并附议缔造德语思维社会书》（Ermahnung an die Deutschen, ihren Verstand und ihre Sprache besser zu üben, samt beigefügtem Vorschlag einer deutschengesinnten Gesellschaft）等，虽均发表在身后，但价值意义很重大。这一问题详见关子尹：《莱布尼茨与现代德语之沧桑》，《同济大学学报（社会科学版）》2005 年第 1 期。

[2] 莱辛强调："下面谈谈为德国人创造一个民族戏剧的好心设想吧，因为我们德国人还不成其为一个民族！我不是从政治概念上谈这个问题，而只是从道德的性格方面来谈。几乎可以说，德国人不想要自己的性格。我们仍然是一切外国东西的信守誓约的摹仿者，尤其是永远崇拜不够的法国人的恭顺的崇拜者；来自莱茵河彼岸的一切，都是美丽的，迷人的，可爱的，神圣的；我们宁愿否定自己的耳目，也不想作出另外的判断；我们宁愿把粗笨说成潇洒，把厚颜无耻说成是温情脉脉，把扮鬼脸说成是作表情，把合折押韵的'打油'说成是诗歌，把粗鲁的嘶叫声说成是音乐，也不对这种优越性表示丝毫怀疑，这个可爱的民族，这个世界上的第一个民族（他们惯于这样非常谦逊地称呼自己），在一切善、美、崇高、文雅的事物中，从公正的命运那里获得了这种优越性，并且成了自己的财产。"引自莱辛：《汉堡剧评》，张黎译，上海译文出版社，2002，第 506 页。[德文见 Werke: Hamburgische Dramaturgie. Lessing: Werke, S. 4420–4421 (vgl. Lessing-W Bd. 4, S. 698–699) http://www.digitale-bibliothek.de/band5.htm.]

然并未展现出"流动性活动",但实际上他最初选择入学时已出现了
这种"流动性可能",即对哥廷根大学的向往。

相比较在这个世纪里即将兴起的哈勒大学、哥廷根大学的改
革,莱比锡大学仍然保持着传统大学的特点,但这种传统也并非一
成不变的。值得指出的是,在 16 世纪时,萨克森公爵莫里茨 [Moritz
(Sachsen),1521—1553] 曾领导了 1542—1544 年的莱比锡大学改革,
他将原有的中世纪后期的宗教监督大学改变了,代之以将大学作为培
养宗教、法律、教育人才的制度,如此,则神学院、法学院得到很大
发展 ①。这样一种改革的意义,是值得特别重视的。也就是说,历史
的潮流乃逐渐累积演进之过程,而非"猝然而就"的狂风暴雨。日后
德国现代大学之典范形成,亦宜于在一个广阔的历史空间和时间维度
中考察之。因为,变革的线索始终贯穿于德国大学史的发展之中,政
治高层、知识精英乃至社会力量都对其有不同程度的推力作用。

然而,我们不得不承认的是,恰恰是这个以传统为主、兼具改
革精神的莱比锡大学,培养出了如胡腾(Ulrich von Hutten, 1488—
1523)、闵采尔(Thomas Müntzer, 1489—1525)、阿格里科拉
(Georgius Agricola, 1494—1555)、普芬多夫(Samuel von Pufendorf,
1632—1694)、莱布尼茨、托马修斯(Christian Thomasius, 1655—
1728)、克洛卜施托克(Friedrich Gottlieb Klopstock, 1724—1803)、
莱辛、弗莱明(Johann Christian Friedrich Flemming, 1745—1811)、
歌德、费希特(Johann Gottlieb Fichte,1762—1814)、诺瓦利斯
(Novalis,1772—1801)、瓦格纳(Wilhelm Richard Wagner, 1813—
1883)、尼采、沃尔夫(Theodor Wulf, 1868—1946)、魏茨泽克(Carl

---

① 参见李逵六编著《莱比锡大学》,湖南教育出版社,1986,第 33-34 页。

Friedrich von Weizsaecker, 1912—2007）等一代代精英人物①。在德国启蒙运动中，莱比锡大学也是一个不容忽视的存在，且不说两本杂志《博学》和《一月谈》（托马修斯主持）的重要性②，就是戈特舍德、格勒特教授等人的开明姿态，诸如允许旁听、欢迎女性入学等，也足以观出其受到"启蒙精神"之洗涤③。

　　或者，有人要质疑说，歌德这样的天才人物难道竟是常规的教育体制可以造就的吗？但至少我们不应当否认，歌德确实也是在这样的大学传统中获得学位，完成其最初的知识域建构的。而即便在德国大学的整体视域中，莱比锡也是有其特殊传统的。歌德自己就这样评价道：

　　　　德国大学每一所都有它的特色，在我们的祖国既不能实施一种统一的教化，所以每一个地方便墨守着它的风尚，把它的特别的个性尽量发挥；大学也恰是如此。在耶拿和哈雷两处，粗野之风登峰造极，重视体力，娴习剑术和最粗犷的自卫在那儿是司空见惯的；而这样一种状态，只可以通过放荡不羁的生活保持和传播下来。大学生与这两个城市的居民的关系，纵然有种种不同，但有一个一致之点，就是那些粗野的外地学生对于当地的市民是不尊重的，而且自视为拥有一切自由和横行无忌的特权的特殊人

---

　　①　Christian Bode, Werner Becker, & Rainer Klofat, *Universitäten in Deutschland*（《德国的大学》）（München: Prestel, 1995），S.174.

　　当然莱比锡大学不仅培养了本国精英人物，而且其在留学史上也有特别的意义，如奥地利的费恩科恩（Anton Dominik Ritter von Fernkorn, 1813—1878）、俄国的拉狄斯切夫（Alexander Nikolajewitsch Radischtschew, 1749—1802）等都成为各国的启蒙运动先导。参见李逵六编著《莱比锡大学》，第 49 页。

　　中国留德史的精英人物也有不少出自此校，如辜鸿铭、蔡元培、萧友梅、林语堂、郑寿麟、饶毓泰、周培源等皆是。

　　②　参见李逵六编著《莱比锡大学》，第 44–45 页。

　　③　参见李逵六编著《莱比锡大学》，第 49 页。

物。反之，一当来比锡的学生想要跟那儿的殷富和彬彬有礼的居民多少有点交往，就只好变成殷勤礼让。①

就德国古典大学（特殊概念）的形成，有三所标志性的大学，即哈勒（1694 年）、哥廷根（1737 年）、柏林（1809 年），当然我们可以说柏林大学的建立是一个划时代的事件，但如果没有哈勒②，尤其是哥廷根的创新求变是不可想象的。所谓这"两所大学的建立，使德国大学向现代哲学和科学以及现代启蒙思想和文化敞开了大门，使后者成为了德意志民族生活的一个组成部分"③。不过，相比较包尔生更突出埃尔郎根大学（Erlangen，1743 年建立）的作用④，我则强调正是哥廷根、柯尼斯堡、耶拿三所大学的同时发展⑤，才使得德国古典大学的整体态势进行了预备，从而使得 19 世纪以柏林大学建立为标志的德国大学成为世界范围现代大学的典范；但同时，我们不应过分低估以海德堡、莱比锡、图宾根等为代表的传统大学在向现代转型过

---

① 歌德：《歌德文集：第 4 卷：诗与真（上）》，第 252 页。[德文见 Werke: Aus meinem Leben. Dichtung und Wahrheit. Goethe: Werke, S. 10333–10334 (vgl. Goethe-HA Bd. 9, S. 252) http://www.digitale-bibliothek.de/band4.htm.]

② "建立于 1692/1694 年的哈勒大学是德国著名的有改革精神的大学之一，在德国的启蒙运动开始时，这所大学首先采取行动，它将矛头对准它认为是过于正统的神学研究模式——由莱比锡或微滕堡大学的勃兰登堡－普鲁士学生所采用的方式。"引自瓦尔特·吕埃格总主编《欧洲大学史：第 2 卷：近代早期的欧洲大学（1500—1800）》，贺国庆等译，河北大学出版社，2008，第 132 页。

③ 包尔生：《德国大学与大学学习》，第 45 页。

④ 他主要强调了埃尔郎根对联系德国的北部、南部的纽带和桥梁意义，参见包尔生：《德国大学与大学学习》，第 45 页。不过埃尔郎根是座小城，可以称之为名副其实的大学城，对于其地理战略意义似不可估价太高。关于埃尔郎根－纽伦堡的弗里德里希－亚历山大大学（Friedrich-Alexander-Universität Erlangen-Nürnberg），参见 Christian Bode, Werner Becker, & Rainer Klofat, *Universitäten in Deutschland*, S.86.

⑤ 耶拿大学比较特殊些，它最初于 1548 年建为文科中学（Gymnasium），1558 年改建为大学。参见 Christian Bode, Werner Becker, & Rainer Klofat, *Universitäten in Deutschland*, S.156.

程中努力适应时代的"艰难调适"的重要作用。

对哈勒大学的意义，怎么高估也不过分，因为它是筚路蓝缕者。而其核心人物则为三人，即托马修斯、弗兰克（August Hermann Francke, 1663—1727）、沃尔夫[①]。尤其是以沃尔夫为代表，使其成为新兴的启蒙运动的中心。但同时我们也应当注意到，这些学者本身并非由某所大学所孤立养成，譬如托马修斯、沃尔夫都有莱比锡大学的养成背景，托氏甚至还曾担任莱大教师，他当时用德语授课，冲决传统，因过于激进才被莱大驱逐[②]。这样一种流动性因素，是我们在考察大学发展史过程中需要特别关注的。对于耶拿、哈勒两所大学，歌德已经有所置评，那么，哥廷根如何呢？相比之下，哥廷根大学则属后来居上。其法学院当时也非常发达，被誉为"国家法之父"的皮特（Johann Stephan Pütter, 1725—1807）就在此执鞭，1774年时该校注册生 894 名，其中有 563 名以法律为专业，由此可见其法学声誉之隆。皮特门下人才辈出，诸如梅特涅（Klemens Wenzel Lothar von Metternich, 1773—1859）、哈登贝格（Karl August Freiherr von Hardenberg, 1750—1822）等皆是其门生[③]。若是歌德也在此求学，则其或许走上一条法学之路也未可知。不过由此而引出的问题很可能是，其时一般家庭（尤其是像歌德这样的市民家庭）对于大学传统的不同判断，以及其对待时代潮流的态度。就当时之时代背景而言，由启蒙运动所主导的时代潮流，已然蔚然成为风气，这也体现在教育场域之中。任何一种时代潮流，初起时或许仅是"星星之火"，可一旦汇聚成为一种势力，则必然"可以燎原"。譬如我们提出的"启蒙大学观"就可作为大学场域对于时代风气的某种呼应来看

---

① 参见包尔生：《德国大学与大学学习》，第 45-47 页。
② 李逵六编著《莱比锡大学》，第 45 页。
③ 戴问天编《格廷根大学》，第 36 页。

待。但莱比锡大学虽然无法不受此时代潮流之激荡，却仍表现出传统大学的"保守"一面，作为建立于 15 世纪初期（1409 年）的德国早期大学之一 [1]，莱比锡大学是经由教皇亚历山大五世（Alexander V. 1340—1410）批准建立的，梅尔瑟堡主教为大学总务长，穆斯特贝尔格（Johannes Otto von Münsterberg, 1360—1416）担任首任校长 [2]，其主导思路仍在于适应时代发展需要，在修道院、大教堂之外开辟新的传布福音的教育平台，故此其教会背景是很清楚的。所以总体而言，即便是在 18 世纪中前期、当启蒙运动冲击下的莱比锡大学，也具有相当明显的两面性，即"一面是传统、保守，一面又是激进、创造"，相比较而言，"局外人看来，莱比锡大学相当守旧" [3]。或许，这正是歌德之父看中莱比锡，执意拂逆儿子意愿选择自己母校的重要原因吧。

但必须提示的歌德的另一个身份，是他的留法背景。虽然斯特拉斯堡（Strassburg）位于德、法交界之处，但毕竟是属于法国。而歌德之求学于斯特拉斯堡大学，并在此取得博士学位，类属法律，这似乎是一个值得关注的文化史现象；更不用说，是在这里，他遭遇了对他青年时代产生重大影响的关键人物赫尔德。

---

[1] 德国第一批大学的创建情况大致如下：布拉格大学（1349 年）、维也纳大学（1365 年）、海德堡大学（1386 年）、科隆大学（1388 年）、爱尔福特大学（1392 年）、莱比锡大学（1409 年）、罗斯托克大学（1419 年）。从 14 世纪至 16 世纪，德国已拥有 42 所大学，是当时欧洲大学数量最多、最密集的国家。有论者认为："德国大学是相当年轻的，但德国大学后来居上，对中世纪文化作出了重要的贡献。"转引自贺国庆：《德国和美国大学发达史》，人民教育出版社，1998，第 15 页。

[2] 李逵六编著《莱比锡大学》，第 17–18 页。

[3] 同上书，第 44 页。

二、歌德的成长年代
——《诗与真》中反映的家世与生性

对于歌德这样一个伟大人物，全面的认识本就很难，好在他给后人留下了一部极好的文本——26 岁之前的自传《诗与真》。如此，我们可以凭借作者个人的回忆来进入很难把握的早期成长史。虽然学校教育的重要作用是不言而喻的，但我仍认为在少年成长期中，家世状况和家庭教育扮演非常关键性的角色。首当其冲的，自然是父母双亲，因为他们不但赋予孩子以血肉之躯、遗传因子，而且其教养程度、教育意识等方面直接决定了一个孩子进入"文明世界"的旅程开端和习惯养成。

父母影响与教育规划

对于一个个体来说，其成长经历必然是从家庭开始的，舍却了父母合力营造的"亲情空间"，其他一切都无从谈起。而父母之构建家庭，也非空穴来风，多少受到家世之影响，所以我们至少可以从祖父辈开始说起。歌德的父系祖居图林根（Thüringen），务农、做手艺、开旅店，祖父是裁缝，曾外出漫游多年，后定居于法兰克福，娶妻并成为当地"柳庭旅店"（zum Weidenhof）的老板；母系则出于德国西南部的书香门第、法学世家，外祖父曾当过法兰克福市长，算是官宦人家。歌德之父因为继承了殷实家产，所以不但能上大学获博士学位，而且曾到法国、意大利深造漫游。可惜的是，他的社会事业似乎并不成功，只是在 1742 年捐到一个皇家顾问（Kaiserlicher Rat）的头衔。所以他终其一生也就致力于自己的个人兴趣爱好。歌德之母则天性活泼，有少女的乐天情绪，也不乏慈母的循循善诱，她生育歌德时年仅18岁，而歌德之父则年近40[①]。这是一个富商家庭与官员家庭的联姻，这样一种婚姻决定了日后歌德兄妹成长的基本家庭环境和物质条件。

就是在这样一个家庭中，歌德诞生了。正是由于其父母亲如此的家世背景，我们才可以理解，为什么歌德之父会投入了如许精力在小歌德身上。他本就是个衣食无忧的"闲人"，又有如此丰厚的知识背景和教育经历，自然就会"望子成龙"，将自己在社会现实中未能实现的理想抱负寄托在儿子的身上。对于男性来说，这多少有些"因子复制"的味道。

建立一个家庭显然不是一件轻而易举的事情，它意味着在这个现实社会的安身立命。对德国人来说，18世纪有一个重要的概念变化，就是由"住家"（Haus）到"家庭"（Familie），后者来源于法语"家庭"（famille），主要指"父母及其子女的整体并含有亲情意味"，而前者指"既是住所，又是住在其中的与之相对应的社会群体"[②]。歌德所经历的，正是这样一种大背景下的"家庭建立期"。"对于资产者来说，他的家就是他的世界的核心，因为这里，也只有在这里，那些市民社会里的问题和矛盾才能被忘却或被人为地消除；这里，也只有在这里，那些市民，更多的是小市民家庭才能滋生和谐的有等级的幸福的幻想。他们被物质产品包围着，正是这些物质产品才使幸福显现

---

①　Peter Boerner, *Johann Wolfgang von Goethe 1832/1982 - Ein biographischer Essay*（《歌德传》），（Bonn: Inter Nationes, 1983），S.12–15.

②　安德烈·比尔基埃等主编《家庭史》第3卷，袁树仁等译，生活·读书·新知三联书店，1998，第583页。

出来，同时也使之第一次成为可能。"① 歌德之父无疑就是这样的资产者，他对家庭的建构和对孩子的期待与教育，都可以表现出若干这样的特点。但我们要认识到，正是在18世纪后半期，"第一次出现了一种社会经济结构，在这种结构中，市民家庭生活的希望与理想得以实现。……他们越来越彻底地把自己的生活住所同他们获取收入的场所相分离，他们逐步造成了一个私人的领地。与极少数富人相对立的，是一大群靠自己的节俭精神及严格的工作纪律获得富裕生活的人。后者的共同点在于，都尽可能地让其妻子和子女远离挣钱的工作"②。歌德的父亲是一个继承大批财产的有教养的市民，显然属于这样新兴的市民阶层中的一员，他努力构建属于自己的市民家庭。而其对子女的教育无疑体现出这样的特点。

作为一个受过高等教育、获得博士学位的"文化市民"，他显然自信具备"绰绰有余"的能力来承担自己孩子家庭教师的职务。这样做倒不一定是为了节省，更重要的是他会认为自己比那些职业教师要强得多。或者，按照歌德自己的见解更恰当："世上所有做父亲的都抱有一种诚挚的愿望，就是想目睹本身所不能成就的事业为自己的儿子所完成，似乎他们想以此获得再生，并且好好应用前一辈子的经验。"③ 只有在这样一种角度上，才能理解为什么作为富裕阶层的歌德

---

① 霍布斯鲍姆（Eric John Ernest Hobsbawm，1917—2012）语，转引自赖茵哈德·西德尔：《家庭的社会演变》，王志乐等译，商务印书馆，1996，第105页。在德国学术的概念里，市民（Bürger）至少可区分为"财产市民"（Besitzbürger，主要指大商人、企业家、银行家、经理等）、"文化市民"（Bildungsbürger，主要指有高等学历的自由职业者、高级官员、职员等）等；然后有相应的"市民家庭"（Bürgerliche Familie）、"市民社会"（Bürgerliche Gesellschaft）概念。

② 引文出处同上。

③ 歌德：《歌德文集：第4卷：诗与真（上）》，第25—26页。[德文见 Werke: Aus meinem Leben. Dichtung und Wahrheit. Goethe: Werke, S. 9977 (vgl. Goethe-HA Bd. 9, S. 31–32) http://www.digitale-bibliothek.de/band4.htm.]

父亲只在必要时才延请专门教师。小歌德显然很聪明："凭仗敏捷的领悟、钻研和牢记，我不久就通晓父亲和其他教授所授的功课，绰绰有余，而对于任何科目仍没有打下基础。"①歌德父亲似乎并没有意识到自己采取这种教育方法的缺点，仍继续自鸣得意地主控着孩子的未来，这从他坚持让歌德弃哥廷根大学而入莱比锡大学就可以看出来，好在他对孩子未来进入第二所大学考博士的选择不做限制②。

父亲的好为人师，甚至对母亲也是如此。"我的父亲生性本来好教导人，加之无所事事，就很想把自己的知识和本领传授给别人。所以，在结婚初年，他就督促我的母亲用功写字和弹琴歌唱，因而她也觉得有必要懂得一点意大利语文的知识和应用它的一些技巧。"③在孩子的心目中，她是一种慈母形象，或许因为她善于体察他人的心情，也善于调节冲突（譬如在歌德和父亲之间），她的乐天性格让歌德特别记忆深刻，甚至他把自己的诗性气质归功于母亲的喜爱编造故事④。而这样的一个家庭的全景会是怎样的呢？

> 一位虽极慈爱、亲切而又认真的父亲，尽管内心很柔和、体贴，在外表上却表现出难以置信、非常彻底的铁也似的严正，以便达到给他的孩子们以最好的教育，建立、整顿和保持他的有良

---

① 歌德：《歌德文集：第 4 卷：诗与真（上）》，第 26 页。[德文见 Werke: Aus meinem Leben. Dichtung und Wahrheit. Goethe: Werke, S. 9978 (vgl. Goethe-HA Bd. 9, S. 32) http://www.digitale-bibliothek.de/band4.htm.]

② 同上书，第 27 页。[德文见 Werke: Aus meinem Leben. Dichtung und Wahrheit. Goethe: Werke, S. 9979 (vgl. Goethe-HA Bd. 9, S. 33) http://www.digitale-bibliothek.de/band4.htm.]

③ 同上书，第 8 页。[德文见 Werke: Aus meinem Leben. Dichtung und Wahrheit. Goethe: Werke, S. 9949 (vgl. Goethe-HA Bd. 9, S. 14–15) http://www.digitale-bibliothek.de/band4.htm.]

④ Peter Boerner, *Johann Wolfgang von Goethe 1832/1982 - Ein biographischer Essay*, S.14–15.

好基础的家庭秩序的目的。母亲却刚好相反，她差不多还是象一个小孩，只是跟她的长男长女一块儿相处和置身他们中间，才成长起来，懂事明理。这三个人都以健康的眼光来看待这个世界，饶有生命力和企求目前的享乐。这样一种笼罩着家庭的矛盾与年俱增。父亲努力实行他的意图毫不动摇，不间断，母亲和孩子们却不能放弃他们的感情、要求和愿望。①

所以我们可以看到歌德之父因为向外发展的求而不得，其过剩的精力则不得不"反求诸内"，对家庭其他成员反而造成某种压力。这样一种矛盾、冲突的酝酿其实自有渊源。可无论如何，必须承认的是，父母亲虽并非"举案齐眉"，但仍然建构了这个家庭，并培育了歌德这样的人物。或许，还是歌德日后的诗性总结最佳：

> 父亲予我身材体型，
> 还有生活的严肃导引；
> 少母予我快乐天性，
> 还有幻想的叙事激情。②

就是在这样的家世背景和父母养育之下，歌德完成了少年时代的教养过程，走向了大学时代。16岁的少年，进入了莱比锡大学，开始了另一段成长生涯。

---

① 歌德：《歌德文集：第4卷：诗与真（上）》，第225–226页。[德文见 Werke: Aus meinem Leben. Dichtung und Wahrheit. Goethe: Werke, S. 10293–10294 (vgl. Goethe-HA Bd. 9, S. 227) http://www.digitale-bibliothek.de/band4.htm.]

② 德文见 Werke: Gedichte (Ausgabe letzter Hand. 1827). Goethe: Werke, S. 1279 (vgl. Goethe-BA Bd. 1, S. 712) http://www.digitale-bibliothek.de/band4.htm. 此处中文为作者自译。

知识通道的提供与自我建构

在歌德的少年成长过程中，除了作为核心因素的父母之外，其他亲友的关系，也需予以关注。譬如说祖父、外祖父的作用，还有比他只小一岁、同胞手足的妹妹柯内莉亚（Cornelia Friederica Christiana Goethe, 1750—1777），也同样不可忽视。"在幼小的时候，游戏和学习，生长和教养，两兄妹都完全一个样，以致有孪生之称，因此，随着心身的发达，他们中间的共同之处，他们相互的信任也还保留着。"① 歌德与妹妹的感情极好，彼此之间的互动也很多，值得深入考察，所谓"永恒的女性，引导我上升"之中，当也有这英年早逝的柯内莉亚在内。此处不赘。

亲友环境也是一种值得关注的"次生语境"，作为法兰克福市长的外祖父之家是歌德兄妹躲避"训育和学业上的压迫"的避难所，更重要的是，"在他（指歌德外祖父，笔者注）的镶壁板的屋子内，我从看不见有一点新的变动。他的藏书除法律书外，只有第一流的游记、航海和探险的著作。象这样的引起人们一种牢不可破的宁静和永恒的持续之感的情境，在我的记忆里再不曾有过"② 外祖父的社会地位给少年歌德以荣誉，然而祖父的贫寒出身在那个时代却不然。祖父以旅馆老板为其事业的巅峰，且早逝于 1731 年，并未能见到歌德的出世 ③。所以对歌德少年的成长来说，祖父家的背景并不凸显。

---

① 歌德：《歌德文集：第 4 卷：诗与真（上）》，第 226 页。[德文见 Werke: Aus meinem Leben. Dichtung und Wahrheit. Goethe: Werke, S. 10294–10295 (vgl. Goethe-HA Bd. 9, S. 228) http://www.digitale-bibliothek.de/band4.htm.]

② 同上书，第 35 页。[德文见 Werke: Aus meinem Leben. Dichtung und Wahrheit. Goethe: Werke, S. 9990 (vgl. Goethe-HA Bd. 9, S. 39) http://www.digitale-bibliothek.de/band4.htm.]

③ 参见歌德：《歌德文集：第 4 卷：诗与真（上）》，第 63–64 页。

从其他亲戚那里，也同样可以获得知识的满足和故事的趣味，譬如歌德就是从自己的姨父那里发现荷马史诗故事的：

> 我还有另一个姨母嫁给圣凯瑟琳教堂的牧师施达尔克，她是在较宁静而也适合于她的天性的情境中度日的。按照姨父的意趣和地位，他过着很孤寂的生活，并拥有很好的藏书。在他那儿我开始知道荷马，不过所看到的是一种散文的译本。它是冯·洛安所新编的著名游记丛书第七部，标题《荷马著：特洛伊王国征服论》，附有法国戏剧风味的铜版画。这些插图对于我的想象力有那样坏的影响，以致荷马诗中的英雄很久还只是以这样的姿态浮现于我的脑海中。故事的本身我喜欢到难以言传，我对于这著作只有一点很不满意，那就是它对于特洛伊的征服不加叙述，而那样的毫无生气地以赫克托尔之死结束全文，我向姨父说出这种非难，他叫我参阅维吉尔的作品，他果真完全满足了我的要求。①

从这段描述中，我们可以看到少年歌德的求知欲是如何的旺盛，而他所处的近距离社会语境（主要由亲戚朋友构成）又如何很便利地为他提供了这样的求知可能。藏书是知识传播的必要条件，而具有知识教养的长辈无疑又是这样一种知识探寻的最佳向导。所以，歌德可以由荷马（Homer，前873—？）读到维吉尔（Vergil，前70—前19），其知识拓展的链性结构很明显，而且是一种自然延伸。当然另一方面，社会语境也提供了这种普及型译本的知识传播可能，否则荷马的原著恐怕很难进入小孩子的阅读世界与兴趣接受。

除了我们以上提到的种种因素之外，最重要的，还是父亲的"图

---

① 歌德：《歌德文集：第4卷：诗与真（上）》，第37-38页。[德文见 Werke: Aus meinem Leben. Dichtung und Wahrheit. Goethe: Werke, S. 9994–9995 (vgl. Goethe-HA Bd. 9, S. 42) http://www.digitale-bibliothek.de/band4.htm.]

书馆"。毕竟，相比较和亲戚朋友的"偶尔接触"，始终身在其中的还是自己的家庭。歌德直到老年之际，仍对此记忆犹新：

> 最先要收拾的就是父亲的藏书，其中最好的，用犊革或半犊革装订的书籍应该装点着它的办公室兼书斋的四壁。他拥有拉丁文作家著作的精美荷兰版，为求外表的一律，他力谋买得全部都是四开本的；其次有好些书是关于罗马古物和上乘的法学书，最有名的意大利诗人的著作自少不了，对于塔索他特别爱好。最好和最新的游记也在收藏之列，而且他自己以修正和补充开斯勒和尼梅兹的游记自娱。他还以最需要的工具书，如各种外国语词典、百科全书之类围着自己，以便随时可供参考，此外，有用和有趣味的书也常放在身边。

> 藏书的另一半是用修洁的羊皮装订而签题很美好的，陈列在一个特别的小阁上。新书的搜罗以至它们的装订和排列，他都很冷静和有条理地去搞。在这一方面，学术界对于某种著作特加称许的评价，对他有很大的影响。他的法学论文的收藏，每年增加数册。①

从这样一种描述中，我们不但可以窥得歌德父亲图书收藏的规模和格局，更可以领略其求知本色的有教养阶层的特点。这样一种影响潜移默化地在歌德日后的精神成长中体现出来，譬如说对塔索的偏爱最后就化作了一种文学上的伟大创造。不过这且搁置不论，就看看少年歌德是如何沉浸在这样一片书的海洋和知识世界中的吧：

> 在那个时候，我们还没有为儿童而设的图书馆。年长的人

---

① 歌德：《歌德文集：第 4 卷：诗与真（上）》，第 21–22 页。[德文见 Werke: Aus meinem Leben. Dichtung und Wahrheit. Goethe: Werke, S. 9970–9971 (vgl. Goethe-HA Bd. 9, S. 27–28) http://www.digitale-bibliothek.de/band4.htm.]

自己仍有童心，并且乐于将他们自己所受的教养传给子女们。除了科梅纽斯的《图画的世界》一书以外，我们手上再得不到这一类的书；但是，插有梅里安所绘的铜版画的大型圣经，我们常常翻阅；插有同一人绘的铜版画的戈特弗里特的《编年史》使我们知道世界史上的著名事件。《古代语读本》一书更添上了种种的寓言、神话和奇闻。而且，我不久就发现了奥维德的名著《变形记》一书，特别用功地研读它的头几卷。因此，我的幼稚的头脑里很快就满装着一堆形象、大事，有意义和奇怪的人物和事变，我老是忙着把从此所得到的资料加工、复习和再创造出来，所以从不会感到无聊。①

小歌德显然在这样的书的世界里沉浸欢乐，而其中最能吸引他眼球的无疑是插图本，各种各样符合儿童心理特点的游记、寓言、神话类书也是他的首选。更重要的是，歌德显然没有停留在读故事的层面，他的脑袋在转动，在不停地思考，与这些故事元素形成一种有力的碰撞。也就是说，小歌德通过其家世背景而轻松获得了知识获取的通道②，并且能够借助这些通道实现"自我建构"。这是很了不起的。

再进一步追问，这种情况显然与作为时代背景的启蒙运动有关。作为一种时代潮流的启蒙运动冲击的不仅仅是社会与个体的观念层面，它也必然席卷到作为社会基本组成单元的家庭："启蒙运动用人的理性和自主性取代了传统的束缚和义务，在家庭生活中实现一种自

---

① 歌德：《歌德文集：第 4 卷：诗与真（上）》，第 29–30 页。[德文见 Werke: Aus meinem Leben. Dichtung und Wahrheit. Goethe: Werke, S. 9982（vgl. Goethe-HA Bd. 9, S. 35）http://www.digitale-bibliothek.de/band4.htm.] 关于此期歌德的阅读史的自我陈述，参见上揭书第 30–31 页。

② 关于知识史和知识传播问题，学界已开始关注，参见 Charles van Doren, *A History of Knowledge - Past, Present, and Future*，（New York: Carol Publishing Group, 1991）.

然的生活秩序，让每个人在这个秩序中都有自己的权利，都应该受到
教育，获得自由，从而为现代家庭创造了一个重要的先决条件。启蒙
运动大力加速了个人和公共之间的相互分离，首次赋予家庭生活完
全个人的特点，新的家庭模式由此成为形成市民社会的重要前提。"①
歌德的父亲虽然显得保守，这一点在儿子的大学选择上表现得非常明
显，拒哥廷根而取莱比锡，似乎不仅是一种大学排名的意识，而且也
蕴含了父亲对自己曾接受教育的自豪和自我认同。但至少，他极为重
视对孩子的教育，甚至不惜自己来充当教师，这显然不是一般人能做
到的。

生 性 形 成

当然，我们也不应忽略另外一个要素，布尔迪厄称之为"生性"
（habitus）。作为一个不世出的伟人，歌德的生性与众不同，但也并非
没有规律可循。回到历史现场，我们会发觉，一方面他表现出天才的
早慧聪颖，但另一方面作为一个常人，他也必须在各种现行的制度规
定之中寻求自己的"天才成长"之路。可无论上述的因子如何重要，
最终起到决定性作用的，仍是经由个体本身的"天性"而形成的"生
性"。我这里将"生性"的概念做些扩充，也就是说它应当是由父母
遗传因子作用而产生的原发性个性特征，经少年时期的家世熏陶、教
育规训而逐步形成的个体的具有"元思维"特点的基本性格元素。

歌德的生性有哪些特点呢？我以为可简略地归纳为这样三点：一
是外在表象之天资聪颖；二是内在品格之高尚纯洁；三是面对现
实的两难气质。

---

① 里夏德·范迪尔门：《欧洲近代生活·家与人》，王亚平译，东方出版社，
2003，第253页。

歌德无疑天资聪颖，诚如他的自述："在记忆和推测能力方面，我也有早熟的特征，这是我与那些因此而号称神童的儿童共通之点。"① 但这仅是一种外在的特征表现，小歌德确实非常优秀，这从他完成作业和对知识学习的轻松驾驭中都可以得到证明。这种天资，甚至也得到苛刻的父亲的认同，他会不无羡慕地看待儿子的这种天资，认为自己若有如此天才，一定不像儿子这样轻率滥用②。

更重要的是，歌德的品格是高尚的，这从幼年时的行动就可以看出来。"我是不爱说谎和作伪的，更绝不轻佻，从年纪小的时候起，我看待自己和待人接物的真诚，不但由内心流露出来，外貌也是如此。"③ 如此表里如一，而且以诚格物，多少符合中国圣人的教训："志于道，据于德，依于仁，游于艺。"（《论语·述而第七》）如此才、德两全，真可谓是天降此才。

这两者虽然可贵，却都有天性在内的成分，并不算难。只有第三点，是很有难度，也是最关乎歌德的生性特点的，因为它不仅是由天性决定的，尤其是在与后天教育和社会现实之共鸣激荡之中产生的。"当出身于有教养的家庭的儿童长大时，有一个很大的矛盾呈现出来。我所谓矛盾，就是儿童一方面为父母和师长所督促、指导，行止有节，明哲而有理智，不因自己的放恣傲慢而损害别人，并抑制一切会自然发展的可鄙的情感。可是在相反的一方面，在少年人以这种

① 歌德：《歌德文集：第 4 卷：诗与真（上）》，第 27 页。[德文见 Werke: Aus meinem Leben. Dichtung und Wahrheit. Goethe: Werke, S. 9979 (vgl. Goethe-HA Bd. 9, S. 33) http://www.digitale-bibliothek.de/band4.htm.]

② 同上书，第 26 页。[德文见 Werke: Aus meinem Leben. Dichtung und Wahrheit. Goethe: Werke, S. 9978 (vgl. Goethe-HA Bd. 9, S. 32) http://www.digitale-bibliothek.de/band4.htm.]

③ 同上书，第 60 页。[德文见 Werke: Aus meinem Leben. Dichtung und Wahrheit. Goethe: Werke, S. 10032 (vgl. Goethe-HA Bd. 9, S. 65) http://www.digitale-bibliothek.de/band4.htm.]

习惯自励的当儿，他却须忍受他人施于他的责骂和极严重的惩罚。因此，这个可怜的人儿便悲惨地处在自然状态和文明状态之间，进退两难，容忍一些时之后，视乎各个人性格的不同，或变得狡猾奸诈，或变得暴躁易怒。"① 其实，这种在少年时代埋下的自然的二元论因素，在歌德日后成长的过程中非常清晰地表现出来，他始终是在一种悖论中考虑问题，对事物两面性的考虑占据了他思维的中心地位。少年是个体生性由遗传生成为主到后天形成之际的重要时段，这时候个体经历的社会语境和具体事件，会直接影响甚至参与塑造个体的完整生性。譬如即便以歌德这样的克己、美德之少年，他也有过非常暴力的"自卫行为"。而这显然是环境造成的，因为当时的老师严酷而愚笨地使用"殴打"的方法，而且小孩子之间也常"戏谑折磨"。有一次三个对小歌德怀有恶意者一起折磨他，按照歌德的自述："他们咬我，抓我和踢我，无所不用其极，而我则一心一意地报仇。我既然占了上风，我屡次拿他们的脑袋互撞。到末了，他们喊出可怕的叫救命的声音……。人们不要罚我，让我离开，我却扬言下回任何人若再侮辱我，我纵不将他扼死，也要挖去他的眼睛，撕去他的耳朵。"② 正当防卫可以理解，但以歌德之温良恭俭让，也能做出这样近乎血腥野蛮的威胁，其中由暴力激发的暴力倾向则让人多少有些不寒而栗。歌德在此处揭示出一个非常重大的二元论命题，就是我们生而处于社会的"道德理想"和人性的"野蛮自然"之间的夹缝中，调和固然是必由之路，但如何调和却是寻求黄金分割的难题。歌德之一生思想探索，

---

① 歌德：《歌德文集：第 4 卷：诗与真（上）》，第 62–63 页。[德文见 Werke: Aus meinem Leben. Dichtung und Wahrheit. Goethe: Werke, S. 10036 (vgl. Goethe-HA Bd. 9, S. 68) http://www.digitale-bibliothek.de/band4.htm.]

② 同上书，第 61–62 页。[德文见 Werke: Aus meinem Leben. Dichtung und Wahrheit. Goethe: Werke, S. 10035 (vgl. Goethe-HA Bd. 9, S. 67) http://www.digitale-bibliothek.de/band4.htm.]

或许都可从中寻解。这种生性中的后天形成之因素作用，也值得我们特别关注。

三、斯特拉斯堡的博士学位与导师力量
——赫尔德对歌德的引导与压迫

思想史上的"师生遇合"

对于歌德的成长年代来说，其思想史上的重要事件，没有比遇到赫尔德更为重大的了。他自己也坦然承认，给他"带来极重大的后果、最有意义的事件就是与赫尔德的结识以及与他的亲密交往"[①]。1770年，歌德时年21岁，在斯特拉斯堡结识了赫尔德。

赫尔德虽然只比歌德长五岁[②]，但要知道，"在年纪轻的时节，这五年已造成很大的差别"，再加上歌德"既称许他之为人，又敬重他

[①] 德文见 Werke: Aus meinem Leben. Dichtung und Wahrheit. Goethe: Werke, S. 10575 (vgl. Goethe-HA Bd. 9, S. 402) http://www.digitale-bibliothek.de/band4.htm. 中译文参考歌德：《歌德文集：第4卷：诗与真（上）》，第412页。

[②] 赫尔德（Johann Gottfried Herder, 1744—1803），生于东普鲁士的莫龙根（der spätere Ostpreußen Mohrungen）手工业者家庭。早年入拉丁语学校学习。1761年在一副主祭处当书记员。1762—1764年，在柯尼斯堡大学（Königsberg）学医学，后改学神学和哲学。1765—1766年，在里加（Riga）任教师。参见张威廉主编《德语文学词典》，上海辞书出版社，1991，第74-75页。Anselm Salzer & Eduard von Tunk (Hrsg.), *Illustrierte Geschichte der deutschen Literatur*（《插图本德国文学史》）Band 6（Köln: Naumann & Göbel, n.d.），有差异者，从后书。关于赫尔德的传记书目，参见卡岑巴赫：《赫尔德传》，任立译，商务印书馆，1993，第122-123页。

所已成就的业绩"①，所以难免生出崇拜之感，即便是赫尔德生性暴躁且颇为刻薄，歌德也居然忍受了下来。说赫尔德是青年歌德的精神导师，当不为过。当时的歌德，对德国文坛状况还非常陌生，所以 26 岁的赫尔德简直就成了他通向德国文坛的捷径。

> 他的谈话无论何时对我都很有意义，他能够用提问、回答或者其他别的方式随便就说明他的意图。所以，他每天，甚至每时每刻都能启发我获得新的见解。以前在莱比锡的时候，我已经习惯了用一种狭隘的、拘谨的思路去考虑问题，我对德国文学的一般知识也没有因为在法兰克福的生活而得到扩展，那些神秘的、宗教式的炼金术甚至将我导入一种幽暗的境地。对近几年来在广阔的文学界所发生的事情，我几乎茫无头绪。可现在，通过赫尔德的介绍，我忽然就了解文坛的一切活动及其路向了。当时他已十分有名，尤其是通过《断片》、《批评之林》等著作，他可以说已经名列当代国人所仰望的杰出人物之林。②

赫尔德之声名鹊起并屹立于德国学术与知识界，并非空穴来风。他的思想与文笔，都属当时的第一流人物，赤手空拳凭本事打出的天下，难怪要让人心生钦敬之情。哪怕这个人，是日后的"文学殿堂的宙斯"。青年歌德对赫尔德的态度，用"执礼甚恭"来形容，并不为过。但赫尔德虽然有文学的修养、思想的敏锐，却缺乏导师的耐心、引导的经验。孔子谓："因材施教。"不同的人，是有着不同的

---

① 歌德：《歌德文集：第 4 卷：诗与真（上）》，第 415 页。[德文见 Werke: Aus meinem Leben. Dichtung und Wahrheit. Goethe: Werke, S. 10580 (vgl. Goethe-HA Bd. 9, S. 405) http://www.digitale-bibliothek.de/band4.htm.]

② 德文见 Werke: Aus meinem Leben. Dichtung und Wahrheit. Goethe: Werke, S. 10581–10582 (vgl. Goethe-HA Bd. 9, S. 405) http://www.digitale-bibliothek.de/band4.htm. 中译文参考歌德：《歌德文集：第 4 卷：诗与真（上）》，第 416 页。

习性与接受方式的。老师如此，学生亦如此。高明的老师善于从学生的特点出发，寻到最适合的方法，以达到"事半功倍"的效果。赫尔德不具备为师的"循循善诱"的本领。更何况，他这个老师与歌德这个"可遇不可求"的学生之间，只有那短暂的几个星期的共度光阴。歌德既不如张无忌那样有极高明的悟性，赫尔德也不像张三丰这样属"不世出"的大师，所以"太极拳剑"的传授是否有效，也就大可怀疑。好在思想不是武功，有的是可以仔细推敲琢磨、发展变异的可能与机会。歌德自己也认为："假使赫尔德的谈论更有系统的话，我就可以从他身上获得宝贵的指导，使我的修养有持续的发展方向。可是，他的倾向，倒偏于考验和激励，而不长于指引、领导。"① 如此说来，真的是大可遗憾之事。但且慢，正如我们前面所言，思想与武功毕竟不同，赫尔德不能将学生"驯化如仪"，倒真的给歌德这样的天才预留了"超越规则"的空间。因为，他所教给歌德的，是这样的内容：

> ……他初时盛称哈曼的著作，把它们介绍给我读。可是，他偏不对我把这些书加以解说，使我明瞭这个非凡的学者的倾向及思路，而当我要求理解这些莫名其妙的书，现出十分奇特的表情时，他只引为取笑的资料。我觉得哈曼的著作中有些地方颇合我的口味，但是我不知道它们的思想的由来，也不知道它们把我引导到哪儿去，只埋头读它们就是了。②

这段话道出了德国思想史的一段重大因缘与转折可能，值得细加

---

① 歌德：《歌德文集：第 4 卷：诗与真（上）》，第 420 页。[德文见 Werke: Aus meinem Leben. Dichtung und Wahrheit. Goethe: Werke, S. 10587 (vgl. Goethe-HA Bd. 9, S. 409) http://www.digitale-bibliothek.de/band4.htm.] 中译文略有更动。

② 同上。

辨析。我们知道，自莱布尼茨开始，"启蒙理性"就逐渐争取主导权的地位，其在思想史上的意义，主要是针对封建教会的"强大教权"。说来也奇怪，在历史上，教会势力是如何的庞大盛极，但到了这时，却又如同不堪一击的"祭坛偶像"，被启蒙理性的力量以摧枯拉朽之力，一举而荡涤之。当然历史的原相并非如此简单，新教与天主教的权力之争亦极复杂，但启蒙理性之逐渐成为思想主流，确是事实。赫尔德早年在柯尼斯堡求学，对康德、哈曼这两位大师都曾执礼甚恭，但最后还是亲哈曼而远康德，自然有他思想择定的考虑在内①。

所以，这一段交往的思想史意义，绝非仅是赫尔德与歌德的"师生结缘"而已，它引出的，还有德国思想传统的一条重大线索。歌德在思想上的来源，当然有他早期在莱比锡大学接受学校教育的影响，但就接触重大思想流派来说，此处是第一次。这条线接上的，不是莱布尼茨以来的德国启蒙理性传统，而是以反启蒙为标的的浪漫情径，其上溯可以追至意大利的维柯、德国的哈曼。

作为"精神标志"的哈曼意义与歌德的"思想取径"

哈曼（Johann Georg Hamann，1730—1788）早期是尊崇启蒙的思路，但后来有重大转变。虽然与康德同为柯尼斯堡人，但其思想取径日后整个是南辕北辙。赫尔德曾问学于哈曼，乃正宗之弟子。这一派，正是德国非理性主义之渊源。当然，非理性主义的源泉，还可往前追溯到意大利的思想家维柯（Giambattista Vico，1668—1744）。但，集大成者，仍属哈曼。伯林（Isaiah Berlin，1909—1997）一针见血地指出两者之间的关系：维柯只是想撼动他那个时代的启蒙运

---

① 关于这一问题，参见卡岑巴赫：《赫尔德传》，第9–15页。

动的支柱，而哈曼则是要摧毁它们[①]。这既与哈曼所接受的宗教教育有关，也取决于其时的社会背景与历史转型。18世纪中叶的普鲁士，属于腓特烈二世（Friedrich Ⅱ, auch Friedrich der Große oder der Alte Fritz，1712—1786）的统治时代，这是德意志历史上少有的开明君主之一。他尝试着将法国的制度文明（包括文化，也包括政治、军事、社会制度等方面，这当然也应算是法国启蒙运动的成果）引入其属地，但在这里他遭到了极为猛烈的反抗。

思想史上的意义恰在于此，如哈曼之由虔信派（Pietismus）信徒而转向启蒙立场，再由启蒙转向反启蒙，实际上是一个"复归"的历程。哈曼的转向与其个人的宗教教育和成长经历都有关联。在他看来，所有真理都是特殊的而非普遍的，理性没有能力证明任何事物的存在，它只是一个方便分类和组织材料的工具而已。而且它所根据的模式和现实并不一致。所谓理解，就是同人或上帝交流。万事万物，不过是上帝同其创造物交流的符号。一切都取决于信仰，信仰如感官，乃是获知实在的一种基本官能。而只有对人或物的爱，才能够揭示万物的真实本质；爱公式，爱普遍命题和定律，爱科学或庞大的概念和范畴体系中的抽象观念，是不可能的。[②]简言之，科学理性无法代替作为个人的感性体验。

歌德对哈曼的思路曾大加赞赏，他曾说过"individuum est ineffabile"（意为"个体是不可言喻的"）。这是典型的哈曼式口吻[③]。

---

① 以赛亚·伯林：《反启蒙运动》，载以赛亚·伯林著《反潮流——观念史论文集》，冯克利译，译林出版社，2002，第7页。

② 同上文，第8页。

③ 歌德致拉瓦特（Johann Kaspar Lavater，约1780年9月20日）的信，[Goethe: 1780. Goethe: Briefe, Tagebücher, Gespräche, S. 1806 (vgl. Goethe-WA-IV, Bd. 4, S. 298) http://www.digitale-bibliothek.de/band10.htm.] 参见伯林：《反启蒙运动》，载伯林著《反潮流——观念史论文集》，第9页。

在哈曼看来："这种大受吹捧的理性，以及它那些具有普适性、永无谬误……确定的、过于自信的主张，除了是一种 ens rationis（实在）、一个被赋予了神圣属性的外强中干的木偶外，还能是什么呢？"① 所以他会特别推重那些原始形式的重要功能："诗歌是人类纯朴的语言，园艺比农业更古老，绘画比书写更古老，歌唱比吟诵更古老，格言比理性结论更古老，物物交换比贸易更古老。"② 当然宗教背景是必须考虑的因素，因为作为路德新教的一个支派，虔信派最为注重内省与自我拯救，他们希望让人的灵魂直接与上帝做伴，最关心的是道德义务要求、强调严格自律，故此易于陷入感情极端，而强烈反对理性主义。

更重要的是，哈曼举起的是反启蒙的大旗，他的身后还有数目不少的后继者。赫尔德、雅各比（Friedrich H. Jacobi，1743—1819）、默泽尔（Justus Möser，1720—1794）都是其中的佼佼者。如果说哈曼还停留于智者辩说的"灵光闪现"，赫尔德则不然，他要展现的是"体大精深"的"学说体系"。作为德国文化民族主义的领袖人物，赫尔德至今尚未引起汉语学界的足够关注；但其重要的学术史、文化史、思想史意义却赫然在焉。从上述对歌德之影响中就可略窥一斑。默泽尔，作为德国首开风气的历史社会学家，他强调的是"每个时代都有自己的风格"，任何制度都有"当地的理由"，又是强调个体的因素。在他那里，似乎"时代风格"（Zeitstil）与"民族风格"（Volksstil）就可代表了一切。他也不是毫不注意宏观，但他强调的是借助于"整体印象"，而不是像分析化学家那样把各种因素都分离，才能理解社会和人。正是建立在古老而不间断的传统上的丰富多

---

① 转引自伯林：《反启蒙运动》，载伯林著《反潮流——观念史论文集》，第9—10页。

② 同上文，第10页。

元性，才使人们可能避免强求一律的专制制度，保留各种自由 ①。雅各比，作为神秘主义的形而上学思想家，同样深受哈曼影响。他苦苦徘徊于两难之苦，一方面在理性上认同启蒙，一方面又在感性上亲近保守："我心中充满光明：只要我想把它传递给理智，它便消失了。"理性思想无法解答灵魂的紧迫难题 ②。这些浪漫思脉精英所表现出的，都是一种由自身体验而来的"启蒙怀疑"，也就难怪他们会聚集在哈曼的旗帜之下，并且将这一思想之光"薪火相传"。

歌德显然经由赫尔德受到哈曼的影响，虽然他与哈曼从未谋面，但感情相当之深，在晚年之际尚希望哈曼全集之印行，甚至自己主编或至少促成其事 ③。他这样理解哈曼的思想：

> 哈曼的一切的主张思想可以归结到下录的原则，即是："凡是一个人自己承担要做的事，无论是以行动或言论或其他手段去完成，必须拿出全部力量集中使用，凡是零敲碎打、分散割裂的行动都不足取。"这诚然是金石良言！但是要依着它去做可不容易。在生活和艺术方面也许可以适用，可是用语言文字传下来不是纯粹诗的构造的东西，很难适用这格言。因为语言文字而欲表白事物，就必须从全体分离，必须个别化。人类在说话的那一瞬间定然是偏于一面的，没有哪一种信息的传达，知识的传授是不分散割裂的。可是哈曼无论甚么时候都反对这种分割，自己总是统一集中地来感觉、想象、思考，并且也要这样子讲话，还期望别人也这样子做。因此他必然会与自己的文章、以及他人所有的

---

① 伯林：《反启蒙运动》，载伯林著《反潮流——观念史论文集》，第 15 页。

② 同上文，第 19 页。

③ 歌德：《歌德文集：第 5 卷：诗与真（下）》，刘思慕译，人民文学出版社，1999，第 539 页。[德文见 Werke: Aus meinem Leben. Dichtung und Wahrheit. Goethe: Werke, S. 10754 (vgl. Goethe-HA Bd. 10, S. 514) http://www.digitale-bibliothek.de/band4.htm.]

著作冲突了。为要实行这种不可能的事，他采用把握种种的因素手段：自然与精神冥冥中会合时的最深奥神秘的直观，从这种会合迸出的光辉的悟性的电火，在这样的境地浮现出的意义深远的形象，圣凡的作家的金石良言，加上偶然出现的幽默辞句——这一切构成了他的文章的奇妙内容的全体。读者既不能在思想的深度上与他接近，不能在高处与他共步，不能把握那些浮现在他面前的异常的形象，在浩如烟海的文献中又不能找出他仅仅暗示的段落的准确意义，所以我们越研究他，便愈感到模糊昏暗，而且这种暗昧随岁月而俱增，这因为他的讽示主要与当时文学和生活中流行的某些特色有关。……每一回翻阅他的著作，读者每一回都似乎领会到一点新的东西，这因为寓于每一段落的多方面的意义却随场合的不同，而以种种不同的方式触动我们，激发我们。①

应该说，歌德对哈曼整体性思想的揭示是非常深刻的，其批评也是很到位的，这显示了歌德"依自不依他"的独立精神，也就是哪怕是对自己极为敬重的对象，也能保持独立思考的能力和习惯，既有"同情之理解"（Mitgefühl），又能超出其限定之框架。当然，必须指出的是，以上回忆和评价乃在其晚年之际，青年时代的歌德，所受哈曼之直接影响恐怕要远过于此处所表现，譬如他当时以玄秘文体所写的一些论文，包括小册子《德国的建筑艺术》（*Von deutscher Baukunst*, 1772）等②。要知道，当时哈曼在一般的思想文化界影响非同一般，"固然，支配当时文坛的作家们把他（指哈曼，笔者注）看

---

① 歌德：《歌德文集：第 5 卷：诗与真（下）》，第 539–540 页。[德文见 Werke: Aus meinem Leben. Dichtung und Wahrheit. Goethe: Werke, S. 10755–10757 (vgl. Goethe-HA Bd. 10, S. 514–515) http://www.digitale-bibliothek.de/band4.htm.]

② 同上书，第 537 页。

做幽玄的梦想家，但是有向上心的青年不由得不为他所吸引，即使那些称为'国内宁静派'、不属于任何宗派而隐然形成一个教会的敬虔的信徒们，也注意到他"①。

　　然而歌德终究是歌德，他终究是没有完全走到浪漫的路径中去，哪怕赫尔德是如此强势之青年导师，哪怕哈曼具有如此神秘莫测的思想魅力。实际上，这一点在他的作品中也得到体现。歌德在与赫尔德作别之后，迅速出手的两部杰作之中，就充分体现了这一点，日后人们更把它们作为"狂飙突进"时代的标志性著作。《铁手葛兹·封·贝利欣根》(*Götz von Berlichingen mit der eisernen Hand*，以下简称《葛兹》)与《少年维特之烦恼》(*Die Leiden des jungen Werther*，以下简称《维特》)。这两部作品，细细考察，有些奇怪。因为作者选择的对象，一为历史上的自助英雄葛兹，一为仿佛时代中人的维特，但其表现冲创之力的浪漫精神则无异。然而，这里的浪漫，绝对不是一种纯粹的浪漫，其中理性的因子在在皆是，歌德作为大家的气魄表现于此，未及而立之年在艺术上固然是决不肯重复自己，在思想上也一样孕育着冲动，萌出新的因素。无论是葛兹对尘世的深刻认知，还是维特弃世之际对现实社会的冷静判断，都足以说明这点②。可以说，在文学世界的营拟过程中，即使在最青春激越的时代里，歌德仍充分表现出"理性人"的特征，也可以说是"一分为二"的思维特征。

　　这与当时的时代语境关系密切，左右两种思脉都有强大的势力，

---

　　① 歌德:《歌德文集：第 5 卷：诗与真（下）》，第 537–538 页。[德文见 Werke: Aus meinem Leben. Dichtung und Wahrheit. Goethe: Werke, S. 10752 (vgl. Goethe-HA Bd. 10, S. 512–513) http://www.digitale-bibliothek.de/band4.htm.]

　　② 关于这两部作品的具体分析，详见叶隽:《歌德〈少年维特之烦恼〉爱情悲剧后的青春迷惘与制度因素》,《同济大学学报（社会科学版）》2009 年第 4 期。叶隽:《歌德〈铁手骑士葛兹〉所反映的阶层博弈与群体互动》,《同济大学学报（社会科学版）》2008 年第 4 期。

也都不可避免地作用到其时社会里的青年成长规训过程之中。伯林指出，启蒙运动的中心原则是"普遍性、客观性、合理性，给生活和思想中的一切真实问题提供永恒解决办法的能力，以及任何具备适当观察能力和逻辑思维能力的思想者都能掌握的理性方法"[①]。而具体表现出的根本特点则是反教会，譬如否定基督教核心教条的"原罪说"，而代之以：人之初天真无邪、善良；或在道德上中立，有可能由教育与环境加以塑造；最差情况，人虽有严重缺陷，仍能通过与环境相配合的合理教育，或对社会的革命性改造（卢梭论），得到极大改善[②]。但启蒙显然未能成功地达致问题解决的理想状态。因为我们无法否认一个基本事实："被彻底启蒙的世界却笼罩在一片因胜利而招致的灾难之中。"[③]哈曼与康德是朋友，正是出于对求真的坚守，才使得哈曼毅然自立，于是两者在思想上"道如鸿沟"、"各执己见"；歌德近乎哈曼的"再传弟子"，席勒则是康德的"坚定信徒"，但这居然也不妨碍这两人的"携手共进"与"共创未来"。中国古人云："和而不同"，真是至理名言。但没想到的是，在德国古典时代，这一定律竟是那样真实而创造性地发挥出来。对于歌德思想中的"哈曼因子"，我们似乎远未予以足够重视。但其实，在我看来，从"狂飙突进"开始，歌德身上的"哈曼气"就相当浓重，虽然强自以理性克制，但终究未走向"启蒙理性"之路，而选择了"狂飙突进"的感情挥发。"狂飙突进"虽然显赫一时，可终究不是通向真理的康庄大道，故此歌德在不久就告别了这一浪漫精神十足的青年之路，而选择了去魏玛为官的道

① 伯林：《反启蒙运动》，载伯林著《反潮流——观念史论文集》，第22-23页。
② 同上文，第23页。
③ Band 3: Dialektik der Aufklärung: Begriff der Aufklärung. Theoder W. Adorno: Gesammelte Schriften, S. 1105 (vgl. GS 3, S. 19) http://www.digitale-bibliothek.de/band97.htm. 中译文见马克斯·霍克海默、西奥多·阿道尔诺：《启蒙辩证法——哲学断片》，渠敬东、曹卫东译，上海人民出版社，2003，第1页。

路。何以如此，真是值得追问。但至少可以明确的一点是，受到哈曼、赫尔德重要影响的歌德青年时代，可以在此画上一个休止符。魏玛时代的歌德，虽然也还要经历理性之路的"另类考验"，但总体上仍是为他从右翼浪漫思脉之走出铺垫基础；而席勒也在经历过长期的颠沛流离之后，在康德如此强势的影响之下，需要从左翼启蒙思脉脱身。或许，这正是二者在魏玛时代相遇、相知和求和的重要语境。

最后需要提到的是歌德的后代人谢林（Friedrich Wilhelm Joseph Schelling，1775—1854），他虽然仍是反理性主义的重要代表，但已是与启蒙运动者之间沟通的一座桥梁，且为后人所认可。谢林的路径多少有些近乎歌德，但他并未能体现出歌德的那种宁静之调和能力，而是在浪漫、启蒙之间有很大的调整步伐。

在反理性主义哲学家看来，宇宙作为一种原始的、非理性力量的自我展现过程，只有那些具有天才想象力的"超人"——诗人、哲人、神学家或政治家——能够凭借直觉感知来把握这种力量。自然是鲜活的有机体，它对天才人物提出的问题给予解答，而天才人物也对自然提出的问题给予解答，因为两者之间息息相通。具有想象力的眼光，不管是谁的——艺术家的、预言者的、思想家的，逐渐意识到了未来的轮廓，这是自然科学家和政治家或任何经验主义者仅仅工于计算的理智和分析能力所认识不到的。这种对特殊的、本能的和精神的能力的信念，虽有不同名称——理性、理解力和原始想象力，但它与启蒙运动所赞成的批判分析的理性总归不同。它同分析的能力或方法——进行收集、分类、试验、循序渐进、重新组织、定义、归纳、确定概率——对立起来。这一思路，日后成为一种为众多思想家所接受的常识（包括德国的费希特、歌德、黑格尔、叔本华，英国的华兹华斯、柯勒律治、卡莱尔，法国的柏格森及日后的反实证主义学派等）[1]。无

---

① 伯林：《反启蒙运动》，载伯林著《反潮流——观念史论文集》，第 20—21 页。

论如何，哈曼的影响都极为巨大，对于德国思想史的进程来说更是如此，因为他实际上开辟出现代思脉中关键性的浪漫思脉之端绪。虽然此前也有由秘索思路径而来的类似思想脉络，但毕竟不算整体的现代形成。而高举反启蒙大旗的哈曼，则以其特出的思想和道德勇气，勇敢地与康德相抗，才使得浪漫、启蒙两大思脉的平行态势得以形成，不仅开辟出赫尔德这一脉的浪漫思脉之世代传承，更直接启发了第三条道路与可能，就是歌德为主导的古典思脉之孕育。

斯特拉斯堡的博士学位

对于歌德来说，到斯特拉斯堡大学的这段留法背景相当重要，因为这不仅意味着他与法国文化的因缘得以在一种相当具体的制度层面上落实，而且还有着现实的因素，即他的博士学位不是在莱比锡，而是在斯特拉斯堡大学获得的①。一开始的时候也非一帆风顺，歌德虽然目的清楚，要拿博士，但最初仍试图按原来的德国大学求学模式循序渐进，很快碰壁。他到达斯特拉斯堡后，准备"求法学上的深造以便能尽快的取得学位"②，一位萨尔兹曼（Johann Daniel Salzmann，1722—1812）博士对此很清楚，给他指点了门径：

> 斯特拉斯堡的情况跟德国的大学不相同，德国大学是在广义和学术的意义上培养法学者。在这儿却为了顺应着对法国的关

---

① 斯特拉斯堡大学建立于 1685 年，最早是作为耶稣会的文法学校；后莫尔塞姆大学 1701 年迁来，1765 年两校合并。这是一所天主教大学。参见瓦尔特·吕埃格总主编《欧洲大学史：第 2 卷：近代早期的欧洲大学（1500—1800）》，贺国庆等译，河北大学出版社，2008，第 95 页。

② 歌德：《歌德文集：第 4 卷：诗与真（上）》，第 368 页。[德文见 Werke: Aus meinem Leben. Dichtung und Wahrheit. Goethe: Werke, S. 10507–10508 (vgl. Goethe-HA Bd. 9, S. 359–360) http://www.digitale-bibliothek.de/band4.htm.]

系，一切以实用为目的，并按照喜欢脚踏实地的法国人的意向施教。教师提供给各个学生的是某些基本原理和入门知识，教师尽可能地做到言简意赅，只选择最必要的才教授给学生。[1]

在这里，非常清楚地呈现出德、法大学不同的教育理念。虽然德国大学内部互相之间也很有区别，但在面对异者比较时，则显出整体性的民族特点，就是学术性质的相对凸显。对于法国大学来说，政府和教会扮演了相当重要的角色，它们一般"要求大学尽心完成指派给它们的任务"，而这样的话大学也能在内部组织和一般组织方面保有法律框架内的一定活动自由，其结果就是"大学在思想上不再有什么更伟大的目标，人们也不期望大学有什么目标"[2]。这种情况显然适用于歌德求学时代的斯特拉斯堡大学，这一点，在萨尔兹曼博士介绍给歌德的补习教师（Repetent）那里，得到了更清晰、更现实、也更功利的回应。他要求歌德不可"好高骛远"，要着眼于"最近目的"，也就是"应考和获得学位"[3]。事实上，也正如这位补习教师的"运筹帷

---

[1] 歌德：《歌德文集：第4卷：诗与真（上）》，第368页。

[2] 吕埃格总主编《欧洲大学史：第2卷：近代早期的欧洲大学（1500—1800）》，第140页。

[3] 这位补习教师说了这样一番道理："我们不必查究某一法律是怎样和从什么地方起源，它的发生的内部和外部的导因是什么，我们既不研求它怎样随着时代和习俗而变化，也不管它因为错误的解释和法院的歪曲引用而搞到甚至面目全非。在这种研究中，学者们常常就消磨掉他们一生的光阴；但是我们只问现行的法律是什么，我们把这个牢记着，以便能够在我们需要它来保护我们的当事人时应用出来。这样，我们就授与我们的青年人以准备当前生活的本领，至于更进一步，就要看他们的能力和勤勉而定了。他于是把他一本笔记本子交给我，我在那上头写着问话和答话；仅以此为内容，我差不多可以马上应考，因为和普的法学小问答，我还完全记得。我稍为用功地把剩下来的补习了一下，我就——虽然心里不情愿——极容易地得到了博士应考者的资格。"引自歌德：《歌德文集：第4卷：诗与真（上）》，第369页。[德文见 Werke: Aus meinem Leben. Dichtung und Wahrheit. Goethe: Werke, S. 10508–10509 (vgl. Goethe-HA Bd. 9, S. 360–361) http://www.digitale-bibliothek.de/band4.htm.]

幄"，歌德不但在其"应试教育"指导下从容地取得博士应考资格，1770 年 9 月 20 日报名获准，而且 9 月 27 日考试及格，极为轻松地获得了博士学位。

在这里，学位显然成为一个很重要的象征。虽然自中世纪以来，欧洲大学的学位制度没有任何改变，但各国、各校都会根据自身情况草拟一些规则。学位一般都分为三种：学士、硕士、博士①。但学位制度的发展则有所变化，一种是继承于中世纪，学位要求连续地获得，低一级学位是进修高学位的必要条件；第二种则表现出功能的多样化，譬如"博士学位可以紧随硕士学位之后获得，而不需要任何特别的间隔，结果它经常在授予硕士学位当天或第二天授予"②。我们还应当注意到"学位"作为"完全是个人的、不具传承性的高贵身份"的特质，给传统社会秩序带来的重大冲击和变动可能，而作为一种特殊学科头衔的"法学博士被认为是高贵的，至少从中世纪晚期开始就是如此"③，基本情况的描述是这样的：

> 16 世纪大学的贵族化给这一观念以新的刺激，使用"学问的高贵"表达的含义更为宽广，而不再像以前总是只有"博士学位"一个特定的内涵。就这样，它可以被用来支持曾受过更好教育的城市贵族的权力，在意大利半独立的城市、德意志帝国以及低地国家更是如此。这种新的观念也成为伟大的社会重组的重要武器，几乎欧洲各地的新兴贵族都需要它。④

18 世纪以来，虽然启蒙的态势似乎风起云涌，也导致某些大学

---

① 吕埃格总主编《欧洲大学史：第 2 卷：近代早期的欧洲大学（1500—1800）》，第 374 页。

② 同上书，第 379 页。

③ 同上书，第 384 页。

④ 同上。

的改革萌芽，但总体来说，除了德国（尤其是哈勒、哥廷根等少数先知先觉者），基本上不脱原有观念之笼罩。故此，18世纪后期的欧洲大学，其基本功能不外乎其传统，大学及其学位在社会中的基本功用亦同上述。在歌德，以斯特拉斯堡大学博士学位的获得为标志，他终究完成了制度规训下的教育历程，虽然教育并不能代表教养，但教育毕竟蕴含了教养的可能。对于歌德来说，去读博士，或许只是为了应付父亲的一个必要措施："现在我已经获得博士学位，通向遥远的市民阶级的、阶层分明的生命之路的第一步已经完成了。"[1]可见，在其心目中，这个学位不过就是社会生存的一个通行证而已，并没有具备强烈的形而上意义。大学虽然没有给予歌德极为强烈的精神烙印，可作为制度规训的大学教育却仍使得歌德"快快不快"。按照麦克卢汉（Herbert Marshall McLuhan, 1911—1980）的说法，成年人在设计教育制度时，"心里想的纯粹是把年轻人装进官僚社会的分类格子之中"[2]。反之，作为一代伟人的歌德，不但没有被简单地装入这个"官僚分类隔层"，反而对这种大学制度颇有反思。包括对于表现尚佳的德国大学，歌德也指出其弊病所在：

> 　　更有一桩使学生感到窘迫的弊害，我在这儿也顺便说一下。教授们也象别的公职人员那样，不能年纪一般的大；可是，年轻的教授本来是寓学于教，有好的头脑的，还想迎头赶上时代，因此他们完全以学生为牺牲来赢得自己的进修，因为学生所受教的不是他们真个所需要的，而是教师们自己进一步研究所必需的东西。反之，在年纪老迈的教授中，有好些人已经好些年处于停滞

---

[1]　Werke: Aus meinem Leben. Dichtung und Wahrheit. Goethe: Werke, S. 10738 (vgl. Goethe-HA Bd. 10, S. 504) http://www.digitale-bibliothek.de/band4.htm.

[2]　埃里克·麦克卢汉、弗兰克·秦格龙编《麦克卢汉精粹》，何道宽译，南京大学出版社，2000，第291页。

状态；他们所传授的大体上只是一些固定的见解，以细节而论，还有好些已被时代判定为无用和谬误的了。从这两类的教授中产生一种可悲的冲突，青年学生被人牵着向这两边拉来扯去。有丰富的学识和修养而又不断的努力去钻研思考的中年教授也难以把这种纠纷解决。①

这样一种现实，其实并非特殊状况。说到底，这是现代大学要确立"科研导向"之前必须首先解决的问题。日后洪堡主张"教学与科研相结合"，当然很有道理。但歌德在这里指出的教师"各取所需"，其实是一个相当普遍的情况，这也符合个体从自身主体性出发做出利益选择的规律。这或许也是费希特、施莱尔马赫（Friedrich Daniel Ernst Schleiermacher，1768—1834）仍主张大学、科学院各自分立，科研任务主要归科学院的根本原因所在吧。大学的任务究竟是什么？大学教师的任务又究竟是什么？这是其时德国大学和知识精英层面尚未得到系统解决的问题。但问题的提出，却已是豁然显焉。或许我们可以借助大学生歌德的切身感受，略作讨论。按照歌德分法，大学教师不妨一分为三，就是老、中、青三类人。但其标准却是学识的"新旧程度"。这不太合理，老年教师也不一定就是思想退化，像康德、黑格尔这样的大哲越到晚年越是精思深沉、慎思明辨；青年教师也未必就一定要以牺牲学生为代价；而中年教师也不一定就是兼容两者般优秀，既有学识、修养又不断求新治学。但就学识积累的"陈旧"、"求新"等的分别倒确实是存在的。所以，大学及其教育理想成为日后古典时代魏玛－耶拿精英圈的一个中心话题，也就是完全可以理解的了。出之于大学，而复回馈于大学，歌德的大学时代无疑是幸运

---

① 歌德：《歌德文集：第 4 卷：诗与真（上）》，第 248–249 页。[德文见 Werke: Aus meinem Leben. Dichtung und Wahrheit. Goethe: Werke, S. 10328 (vgl. Goethe-HA Bd. 9, S. 248–249) http://www.digitale-bibliothek.de/band4.htm.]

而顺利的；同样，18 世纪后期的莱比锡大学能得歌德这样的一流学子而教育之，也是值得引以为荣的。更值得追问的或许是，此期的德国大学究竟是在何种程度上具备了向现代大学过渡的可能？启蒙精神在何种程度上影响与进入了大学校园？柏林大学的出现究竟更多是一个偶然现象，抑或是德国大学史的前期发展已经昭示了这种大学精神创新的萌动？歌德当然可以被视为一个例子，但他所受到大学的制度性影响，至少尚不明显。从这个意义来说，歌德日后的大学观，及其与席勒、费希特、洪堡等知识精英的大学思想互动，无疑是一个值得探索的话题。

第三章 19 世纪中期的德国教育：
马克思的教育背景与德国精神的变形

一、教育制度：
   波恩、柏林与耶拿

    作为一个风华正茂的青年才俊，马克思（Karl Marx, 1818—1883）的成长轨迹无疑显示了德国教育的成功之处。从现有的材料中我们很难看出马克思在他的少年时代所受教育的详细情况，譬如说小学和中学。但至少马克思 1835 年在特里尔中学所完成的毕业论文，给我们留下了一个青年意气风发的最好证明。因为，这篇题为《青年在选择职业时的考虑》（Betrachtung eines Jünglings bei der Wahl eines Berufes）的作文，充分表现出一个未及弱冠之际的青年所已攀至的思想高度。

    在选择职业时，我们应该遵循的主要指针是人类的幸福和我们自身的完美。不应认为，这两种利益会彼此敌对、互相冲突，一种利益必定消灭另一种利益；相反，人的本性是这样的：人只有为同时代人的完美、为他们的幸福而工作，自己才能达到完美。如果一个人只为自己劳动，他也许能够成为著名的学者、伟大的哲人、卓越的诗人，然而他永远不能成为完美的、真正伟大的人物。

历史把那些为共同目标工作因而自己变得高尚的人称为最伟大的人物；经验赞美那些为大多数人带来幸福的人是最幸福的人；宗教本身也教诲我们，人人敬仰的典范，就曾为人类而牺牲自己——有谁敢否定这类教诲呢？

如果我们选择了最能为人类而工作的职业，那么，重担就不能把我们压倒，因为这是为大家作出的牺牲；那时我们所享受的就不是可怜的、有限的、自私的乐趣，我们的幸福将属于千百万人，我们的事业将悄然无声地存在下去，但是它会永远发挥作用，而面对我们的骨灰，高尚的人们将洒下热泪。[①]

想一想吧，这是一个17岁的德国青年的心声！追问一个17岁青年人的写作动机，无疑有些过于受到布尔迪厄"场域"（champ）理论的制约，但即便这个犹太青年有其特定的文化场域动因，他在这篇文章中所表现出的思想境界与激扬文字的能量，也足以使世人刮目相看。这样一种"恰同学少年，风华正茂"、"书生意气，挥斥方遒"的气概，真让人遥生敬意，向往其"中流击水，浪遏飞舟"的梦想成真。以这样的思想奠基，走向大学校门的青年马克思，将与时代同振共舞，为人类文明的历史，书写下何等辉煌的篇章！

在青年马克思的理念中，截然对立的二元论似乎是不存在的，"人

---

① 马克思：《青年在选择职业时的考虑》，载中共中央马克思恩格斯列宁斯大林著作编译局编译《马克思恩格斯全集》第一卷，人民出版社，1995年第2版，第459-460页。

类幸福 – 自身完美"（das Wohl der Menschheit – eigne Vollendung）是处于一种相辅相成的关系中；可在成年之后，他却将判然两分的"阶级斗争"（Klassenkampf）发展为自己的理论基础①。然而问题在于，如何才是"为人类幸福而工作"？或许此处的职业和工作，多少接近了日后韦伯（Max Weber, 1864—1920）的概念世界。在韦伯看来，"以学术为业"（Wissenschaft als Beruf）还是"以政治为业"（Politik als Beruf）似乎成为一种选择的困惑②。但在马克思这里，这个困惑似乎根本就不存在。他一心一意要选择一种为人类而工作的职业，虽然未免过于理想化，但却给了自己很强大的精神支柱。

那么，我们当然感兴趣的是，19 世纪 30 年代的德国大学，究竟会提供怎样的可能和条件，来迎接这位"天之骄子"？在欧洲语境之中，德国大学是个后来者，即便不提意大利的博洛尼亚大学（Universität Bologna, 1087 年成立）的筚路蓝缕，那么对法、英大学的"勠力在前"也必须予以承认。前有巴黎大学因其国际性特征而成为大学的源流地之一③，后有牛津大学、剑桥大学由"博雅教育"（liberal education）而成就其以养成绅士（gentleman）为主的教育传统④。就德国大学史自身来看，早在 14 世纪就已出现了第一批大学——布拉格（现在捷克境内）、维也纳（现在奥地利境内）、海德堡

① 马克思、恩格斯：《共产党宣言》，载中共中央马克思恩格斯列宁斯大林著作编译局编译《马克思恩格斯选集》第一卷，人民出版社，2012 年第 3 版，第 400 页。

② 马克斯·韦伯：《学术与政治》，冯克利译，生活·读书·新知三联书店，1998。请注意，Beruf 这个词看起来很简单，处理起来也非常复杂。在现代德语中，此词有两层汉译：一是我们都知道的"职业"；还有一层意思不常用，但更崇高，即"天职"。而这两个意思是交替出现在韦伯演讲中的。在他谈论"学术职业的外部环境"时，基本上用第一层含义；而在涉及"科学的献身精神"和"终极价值关怀"时，其两层意义则交互乃至同时出现。

③ 参见李兴业编著《巴黎大学》，湖南教育出版社，1988，第 22 页。

④ 参见约翰·亨利·纽曼：《大学的理想（节本）》，徐辉等译，浙江教育出版社，2001。

的大学落成，不仅意味着德意志神圣罗马帝国的大学建构初具规模，更标志着日耳曼文化语境呈三足鼎立之势：德意志、奥地利、东欧地区。但真正具有现代大学意义的准备，仍要等到经过哈勒大学、哥廷根大学在 18 世纪的改革。到了 19 世纪初期，才有德国大学的"百川汇海"。柏林大学被捧为西方大学史的一颗明珠还是日后的事情，即要到 19 世纪中期之后才逐渐获得其世界声誉，马克思这代人所经历的，正是洪堡实现柏林大学改革后的振兴发展时代。

　　作为柏林大学首任校长的费希特，虽然与施莱尔马赫不约而同反对洪堡的大学理念，强调科学院与大学各司其责、术业专攻的原则坚守。但总体来说，他们是在席勒大学理念影响下的"殊途同归"，都为德国现代大学理念（或称"德国古典大学观"）的发覆形成了一种合力作用 ①。像谢林、黑格尔、施莱格尔（Friedrich Schlegel，1772—1829）、兰克（Leopold von Ranke，1795—1886）、叔本华（Arthur Schopenhauer，1788—1860）、萨维尼（Friedrich Karl von Savigny，1779—1861）这样一些在学术史上极为重要的人物等，也都可以列

---

　　① 关于此点，我们可略微梳理思想史脉络。1789 年 5 月 26 日，席勒在耶拿大学进行他为人师者的首次演说，题为"何为普遍历史及普遍历史何为？"（Was heißt und zu welchem Ende studiert man Universalgeschichte?），他在此处提出了针锋相对的一组概念："利禄学者"（Brotgelehrter）与"哲学之士"（philosophischer Kopf）。而 1797 年，费希特强调："我的著作只是为这样一些人写的，这些人在内心里对确信或怀疑，对他们的认识的清晰或模糊还有感受能力，认为科学和信念有某种价值，因而被一种强烈的热情激发起来，去寻求科学和信念。至于另外一些人，他们由于长期的精神奴役而丧失了自己，同时也丧失了他们对于自己固有的信念的感受，丧失了对于其他人的信念的信仰，认为谁要想独立地寻求真理，那就是愚蠢之举，因而他们把科学仅仅视为惬意的谋生手段，对于科学的任何扩展，就像对于一种新的劳作那样感到惊惧不安，而不惜用任何手段去压迫那些破坏了他们的职业的人——我与这些人是毫不相干的。"引自费希特：《知识学新说》，载梁志学主编《费希特著作选集：卷二》，商务印书馆，1994，第 654 页。1803 年，谢林在耶拿大学开设了"关于学术研究型学习方法"（Vorlesungen über die Methode des akademischen Studiums）的课程，延续席勒的思路，在学理上总结"利禄之学"（Brotwissenschaften）的概念，并摒斥之。

入这样的谱系。马克思虽然没有修习过兰克的课程，但却是萨维尼、奥·施莱格尔（August Wilhelm Schlegel, 1767—1845）的及门弟子。

马克思求学的时代，正是德国大学，尤其是柏林大学蒸蒸日上的辉煌时期。要知道，"到 19 世纪中期，德国大学已领先于其他国家，拥有多所世界第一流的大学，柏林大学更是独领风骚近百年，几乎无校可与之匹敌"[①]。即便是在德国内部，柏林大学与其他大学的差别也显然非以道里计，按照费尔巴哈（Ludwig Feuerbach，1804—1872）的话来说："比起这儿（指柏林大学，笔者注）的习艺所来，其他的大学简直就是酒店。"[②]

事实上，就马克思的知识获得和思想发展来说，柏林时期确实非同寻常。虽然早在 1835 年中学毕业时，考试委员会在他的毕业证书上就做了如此鉴定："该生天资聪颖，在古代语言、德语和历史课程中表现出非常令人满意的勤勉，数学课程是令人满意的勤勉，在法语课程中是颇为勤勉。"[③]但这种主要是以知识性的增长和成绩高低为基础的评价标准，并未在波恩大学时代得到突破（见表 1）。相比较为时仅一年的波恩时期，马克思在柏林大学求学达五年之久，而选择科目之少（见表 2）与知识域拓展之丰、思想力增进之敏锐恰成反比，这一知识史、思想史现象，值得深入考察。

---

①　贺国庆：《德国和美国大学发达史》，人民教育出版社，1998，第 182 页。

②　Grün, Karl（dargestellt）. *Ludwig Feuerbach in seinem Briefwechsel und Nachlass sowie in seiner philosophischen Charakterentwicklung*（《书信与遗著中的费尔巴哈及其哲学品格的发展》）.（Leipzig & Heidelberg: C.F. Winter'sche Verlagshandlung, 1874），S.183. 中译文见梅林：《马克思传》，第 17 页。

③　转引自钟立恒、周杰：《巨星光环——马克思恩格斯的坎坷生涯》，长春出版社，1995，第 13 页。

表 1   马克思在波恩大学的修学课程 ①

选修时间	课程名称	教师	成绩
1835—1836 年冬季学期	法学全书	普盖教授（Eduard Puggé，1802—1836）	十分勤勉和用心
1836 年夏季学期	欧洲国际法	普盖教授	无评语（教授去世）
1836 年夏季学期	自然法	普盖教授	无评语（教授去世）
1835—1836 年冬季学期	罗马法史	瓦尔特教授（Ferdinand Walter，1794—1879）	十分勤勉和经常用心
1836 年夏季学期	德意志法史	瓦尔特教授	勤勉
1835—1836 年冬季学期	荷马问题	施莱格尔教授（August Wilhelm Schlegel）	勤勉和用心
1836 年夏季学期	普罗佩尔提乌斯的《哀歌》	施莱格尔教授	勤勉和用心
1835—1836 年冬季学期	法学阶梯	伯金教授（Eduard Böcking，1802—1870）	十分勤勉和经常用心
1835—1836 年冬季学期	希腊罗马神话	韦尔克教授（Friedrich Gottlieb Welcker，1784—1868）	极为勤勉和用心
1835—1836 年冬季学期	近代艺术史	道尔顿教授	勤勉和用心

---

① 根据《波恩大学肄业证书》（1836 年 8 月 22 日），载中共中央马克思恩格斯列宁斯大林著作编译局编译《马克思恩格斯全集》第一卷，人民出版社，1995 年第 2 版，第 936-938 页。教师外语名为笔者补充，部分教师全名已不可考。

表 2　马克思在柏林大学的修学课程[①]

选修时间	课程名称	教师	成绩
1836—1837 年冬季学期	学说汇纂	萨维尼教授（Friedrich Karl von Savigny, 1779—1861）	勤勉
1836—1837 年冬季学期	刑法	甘斯教授	极其勤勉
1836—1837 年冬季学期	人类学	斯特芬斯教授	勤勉
1837 年夏季学期	教会法	赫弗特尔教授（August Wilhelm Heffter, 1796—1880）	勤勉
1837 年夏季学期	德国普通民事诉讼		
1837 年夏季学期	普鲁士民事诉讼		
1837—1838 年冬季学期	刑事诉讼	赫弗特尔教授	勤勉
1838 年夏季学期	逻辑学	加布勒教授	极其勤勉
1838 年夏季学期	普通地理学	李特尔教授	报名听讲
1838 年夏季学期	普鲁士邦法	甘斯教授	极其勤勉
1838—1839 年冬季学期	继承法	鲁多夫教授	勤勉
1839 年夏季学期	以赛亚书	鲍威尔神学学士（Bruno Bauer, 1809—1882）	听课
1840—1841 年冬季学期	欧里庇得斯	格佩特博士	勤勉

　　比较这两张科目表，我们不难发现，在初入大学的时代，也就是在波恩大学期间，马克思无疑是极为勤勉的，他在短短一年时间里选修了十门课程，除了作为自身专业的法学课程之外，他的兴趣点显然集中在文学艺术方面。这其中尤其值得指出的是，他与施莱格尔的遭逢。作为浪漫思脉代表人物之一的奥·施莱格尔，虽然没有弟弟弗·施莱格尔那么才华横溢，但他长期执教鞭于大学，是那代知识精

----

　　① 根据《柏林大学毕业证书》（1841 年 3 月 30 日），载中共中央马克思恩格斯列宁斯大林著作编译局编译《马克思恩格斯全集》第一卷，人民出版社，1995 年第 2 版，第 939–941 页。教师外语名为笔者补充，部分教师全名已不可考。

英中具有一种制度性影响的人物，故此也不可小觑。马克思在柏林时代所受到的外来冲击与影响无疑是巨大的，他也是正当其时，黑格尔之巨星陨落刚刚不久，德国哲学乃处于一种"真空"之中，作为黑格尔主义左翼的青年黑格尔派在这一场域中占据上风，他们基本站在资产阶级立场上，比较激进，主张新闻自由、信仰自由，甚至试图引出反对封建制度的结论。而其组织形式则表现为"博士俱乐部"，1838 年马克思加入时只有 20 岁，但其中两个核心人物鲍威尔、科本（Karl Friedrich Köppen，1808—1863）都很快"承认了马克思的卓越的才智"[1]，将其纳入核心圈层；反之，他们也对马克思产生了很大的影响。

科本是多罗特恩施塔特实科中学（Dorotheenstädtische Realschule）的教师，鲍威尔则是柏林大学讲师。作为青年黑格尔派领袖的鲍威尔和马克思的关系尤其密切，他是黑格尔的及门弟子，而且成为当时德国思想界相当活跃的领袖人物之一。这其中有一个关键人物是普鲁士宗教、教育、医务大臣阿尔坦施泰因（Karl Altenstein，1770—1840），他曾许诺将鲍威尔提升为教授；但此前为了调和学界矛盾，而将鲍威尔安排到波恩大学。问题在于，阿氏享年不永，其继任者拉登堡（Adalbert von Ladenberg，1798—1855）、埃希霍恩（Johann Albrecht Friedrich Eichhorn，1779—1856）等更迭频繁，而波恩大学神学系此时则以影响系内团结为由，拒绝接受鲍威尔任教授。如此，则马克思通过鲍威尔进入莱茵省大学任教的希望同时破灭。正是在这种背景之下，马克思既不愿意放弃其时自己的青年黑格尔派立场，更不屑于向当权者"求情"，他于是放弃了在普鲁士邦通过考试、获得博士的计划，改在外邦一所大学申请博士[2]。

---

[1] 梅林：《马克思传》，第 29 页。

[2] 同上书，第 39-40 页。

所以我们应当注意到，即便是谈论马克思的大学时代，我们也需要将其一分为三，即 1835—1836 年的波恩大学时期，1836 年 10 月—1841 年的柏林时代，1841 年在耶拿大学获得博士学位。这个过程是非常有趣的，也让我们窥得其时德国大学制度的优越性与灵活性。就其波恩大学的肄业证书、柏林大学的毕业证书来看，对马克思的评价并不是很有利，但在这个过程中，耶拿大学哲学系主任巴赫曼（Karl Friedrich Bachmann，1784—1855）教授的鼎力推荐无疑至关重要："学位论文证明该考生不仅有才智、有洞察力，而且知识广博，因此，本人认为该考生完全有资格获得学位。"① 这一意见，得到了该系七位教授的支持。这才使得马克思相当轻松地获得了博士头衔。

对耶拿大学的重要性，我们应予以高度重视。虽然它既非最早的那批"元"大学，也非启蒙时代的骄子，但却有承前启后之功，意义重大。设想，如果没有席勒、费希特、荷尔德林、洪堡、谢林等人在耶拿时代的如切如磋、相互生发，尤其是与文化首都魏玛的互动，很难想象德国日后会有柏林的现代大学建立期的辉煌成绩。虽然此时的耶拿，早已不复古典时代的兴盛景象，但其学统犹在，1841 年马克思顺利获得耶拿大学哲学系授予的博士学位证书就是最佳证据。

> 哲学系谨授予特里尔出生的卓越的和富有学识的卡尔·亨利希·马克思以哲学博士的荣誉、身分、权利和特权，以及说明受过有关教育、具有相应学术素质并获得承认的优异成绩的外在象征物，并颁发盖有哲学系印鉴的本证书，以资证明。②

---

① 《耶拿大学哲学系主任卡·弗·巴赫曼教授对卡尔·马克思的博士论文的推荐书》（1841 年 4 月 13 日），载中共中央马克思恩格斯列宁斯大林著作编译局编译《马克思恩格斯全集》第一卷，人民出版社，1995 年第 2 版，第 942—943 页。

② 《卡尔·马克思的博士学位证书》（1841 年 4 月 15 日），载中共中央马克思恩格斯列宁斯大林著作编译局编译《马克思恩格斯全集》第一卷，人民出版社，1995 年第 2 版，第 944—945 页。

是在耶拿获得博士学位，而不是在波恩，甚至也不是在柏林大学，对于马克思来说很具有象征意义。这既意味着对马克思卓越学术才华和思想火花的肯定，仿佛也预兆了马克思将很难顺利进入德国既有的教育与学术场域之中。显然，对于马克思这样一个充满着朝气与创新精神的青年才俊而言，能够进入大学，获得一份教职，将是一份理想的工作。虽然他父亲的意思是让他从事法律职业，但如果有机会，马克思一定会毫不犹豫地去做教授的[①]。遗憾的是，他并未有此幸运。

一般而言，在一个社会的发展过程中，教育机构不仅具有一般意义上的教化和传授知识的功能，它还是重新调整和配置个体（乃至家庭、阶层）的文化资本的过程，能够对文化资本分布的再生产起到关键性乃至决定性作用，从而对社会空间结构的再生产施加重大影响。故此，教育机构，尤其是那些具有核心意义的精英型的教育机构，"就成了人们为了垄断霸权位置而进行的争夺的关键"（un enjeu central des lutes pour le monopole des positions dominantes）[②]。可问题在于，在马克思这里，似乎并不适用。23 岁的哲学博士，应该说正当花样年华，更何况马克思在当时的思想界已经声名鹊起，才华横溢。然而，马克思却遭遇了"职业瓶颈"，他没有能够如愿在德国教育制度内获得一份稳定的工作，具体说也就是教授职位。这个现象是有趣的，这样一种制度性的障碍使得马克思从"体制内"走向"体制外"，走上了一条与封建专制的普鲁士政府相对抗的不归路，甚至为这个政府背后的阶级利益埋藏下最坚强的对手与敌人，而且具有相当的普遍意义。或许，这一切都因了马克思出身的犹太背景？

---

① 参见梅林：《马克思传》，第 38 页。

② Pierre Bourdieu, *La noblesse d'état – grandes écoles et esprit de corps*（《国家精英——大学校与群体精神》），（Paris: Les editions de Minuit, 1989），p.13. 中译文参见皮埃尔·布尔迪厄：《国家精英》，杨亚平译，商务印书馆，2004，第 9 页。

二、家世背景：
闪系文化与改宗基督教

　　马克思自幼生长的语境是特里尔（Trier），这是一座位于德国西部莱茵省的小城。马克思家族是犹太人。在梅林的眼中，马克思"炯炯有神的眼睛和漆黑的狮鬃般的头发，表明了他的闪族人的血统"[①]。作为犹太人，马克思家族其实早就已经为融入基督教文化付出了艰辛的尝试。马克思的父亲亨利希·马克思（Heinrich Marx, 1782—1838）甚至早在 1816 年就加入了路德派教会，而 1824 年时，他让自己的孩子们也都接受了基督教洗礼[②]。对于西方移民来说，宗教总是一个相当根本的问题，不是轻易能够化解的。在德国就更是如此，虽然早在 1812 年，普鲁士当局已经宣布了"解放犹太人"（Edikt betreffend die bürgerlichen Verhältnisse der Juden in dem Preußischen Staate vom 11. März 1812，或 Preußisches Judenedikt von 1812）的政策[③]；但考其实际，犹太人作为一种"社会焦点人群"的本质，不但没有得到根本性改变，而且始终贯穿于德国社会历史的整体进程之中，甚至可以略带夸张地断言，犹太人问题几乎为德国一切问题的重要根源之一。故

---

　　① 梅林：《马克思传》，第 301 页。

　　② 同上书，第 9 页。

　　③ 应当注意到犹太人内部的重大分野和差别，即便是在德意志犹太人内部，"不仅存在着犹太血统的基督徒、持不同政见者与'犹太教徒'之间不可忽视的差别，而且即使在'犹太教徒'中也存在着自由主义者与保守主义者之间的极大差别，更不要说这些犹太血统的基督徒、持不同政见者、自由主义的'犹太教徒'与那些坚持正统主义的东方犹太人之间的差别了"。引自罗衡林：《通向死亡之路——纳粹统治时期德意志犹太人的生存状况》，人民出版社，2006，第 32 页。

此，作为犹太人的马克思，从出生的那一刻起，注定就免不了在这样一种西方文明"元冲突"（基督教－犹太教的二元悖论）的背景中来面对最艰难的理论突围。

在思想先进者如恩格斯的眼中，"反犹太主义无非是中世纪的、垂死的社会阶层反对主要由资本家和雇佣工人组成的现代社会的一股反动逆流"[①]，他这样具体分析道：

> 在普鲁士，反犹太主义的传播者，是一些收入一万马克、支出两万马克，因而落到高利贷者手中的小贵族、容克地主；在普鲁士和奥地利随声附和反犹太主义者的，是一些因大资本的竞争而没落的小资产者：行会手工业者和小店主。如果说资本在消灭社会上这些反动透顶的阶级，那末它是在做它应该做的事，而且是在做一件好事——不管这资本是犹太人的还是雅利安人的、是行割礼的还是行洗礼的，反正都是一样；它在帮助落后的普鲁士人和奥地利人前进，促使他们最终达到现代发展水平，在这种发展水平下，先前的一切社会差别溶化成资本家与雇佣工人之间的一个巨大对立。只有在这种情况还没有发生的地方，即在还不存在强有力的资本家阶级，因而也不存在强有力的雇佣工人阶级的地方；只有在资本还薄弱得不能支配全国的生产，因而证券交易所是它的主要活动舞台的地方；也就是说，只有在生产还是掌握在农民、地主、手工业者以及诸如此类由中世纪保存下来的阶级的手里的地方，——只有在这种地方，犹太人的资本才占优势，也只有在这种地方才有反犹太主义。[②]

---

① 恩格斯：《论反犹太主义（摘自一封寄往维也纳的信）》（1890年4月19日），载中共中央马克思恩格斯列宁斯大林著作编译局编译《马克思恩格斯全集》第二十二卷，人民出版社，1965，第59页。

② 同上文，第58-59页。

　　犹太背景是否是一个问题，当然是仁者见仁、智者见智的事情。可必须承认的是，这是一个不容忽视，关系到文化层面及其根源的核心问题。故此，恩格斯的这种判断，似乎过于以阶级划分的立场、以资本运行的思路来看待问题，相对忽略了因宗教信仰差异而造成的重大文化区分。诚然，根据经济基础决定上层建筑的原理，此种立论有其自成方圆之处，但我们是否应进一步考虑，除此之外，文化观念，尤其是自古有之的一些"元观念"有可能也扮演非常重要的角色？当然，在很多地方，宗教扮演了支配文化发展的重要角色，但这并不意味着它能够完全涵盖和代表作为具体种族的精神、心灵等文化层面的所有内涵；更不用说东方一些国家并没有绝对宗教信仰的习惯和传统。故此，对宗教、文化的关系还是要做出明确区分。

　　从启蒙时代开始，德国精英对犹太问题显然已经有了更深层的认识，尤其是以莱辛为代表，他在《智者纳旦》中表现出的宗教宽容其实预示了一个新时代的到来①，"莱辛和他的启蒙运动者们确实为尊重宗教差异、包容宗教差异寻找到一条道路，越来越多的有识之士认识到德国犹太人的困境，他们郑重地伸出援助之手，教育人们去帮助犹太人融入德国的文化和生活"，其效果也是有所表现的，譬如犹太人可以通过分享共同之文化兴趣、通婚、改变宗教信仰以进入德国社会和民众阶层②。但要想求得问题的根本改变，仍是非常艰难的。就德国犹太人来看，改宗基督教者不在少数，尤其是精英阶层，但要说是否能真正融入其中，却仍是一个谜一样的问题。譬如海涅之选择改宗基督教多半是策略的选择，但其实对自己的信仰始终是一种犹疑

　　①　有论者甚至称其为一部乌托邦式的"调和戏剧"（Versöhnungsdrama），参见汉斯·昆：《启蒙进程中的宗教》，载汉斯·昆、瓦尔特·延斯著《诗与宗教》，李永平译，生活·读书·新知三联书店，2005，第88页。
　　②　克劳斯·费舍尔：《德国反犹史》，钱坤译，江苏人民出版社，2007，第62页。

徘徊的态度 [①]。所以德国犹太精英的经验始终处于一种尴尬的两难困局之中，一方面"许多犹太人的理想是坐在德国教授的周围，学习语言，感受德国的自由和文化"，另一方面两个民族的根本状态却又是"他们彼此钦佩又相互憎恨……都无法让对方喜欢，在奴性和傲慢之间摇摆不定，世界少不了他们但又嫌他们尽添麻烦，同样的盛气凌人，悲哀时都顾影自怜，一味贬低对方但又钦佩对方富有想象力的思维；善于深邃的哲学思辨，但在某一点上的差异又令人绝望：对待暴力的态度。但他们和我们的生活始终是如此的息息相关！"[②]（西堡语，Friedrich Sieburg, 1893—1964）。马克思的基本困境，也不外乎此，即便其家庭顺应 19 世纪早期犹太人融入基督教而发起的洗礼运动，但无论如何，他们也改变不了自身源出犹太的本质。

不过，对于马克思的犹太身份问题，说法也颇为不一。在希特勒眼里，"我那时开始重新学习，并且才开始正确理解马克思，这个犹太人的说教和意图。只有现在，我才理解他的《资本论》，同样明白了社会民主体制对抗民族经济的争斗：也就是，其目的在于为金融家

---

① 海涅在作于 1855 年的《遗嘱》(Testament) 中，曾将犹太拉比与中国皇帝相提并论："给谁好呢？我对圣父、圣灵 / 和圣子的信仰？我的宗教？ / 让中国皇帝和波森拉比抽签吧，/ 他俩谁运气好谁要。"载海涅：《乘着歌声的翅膀——海涅诗选》，杨武能译，广西师范大学出版社，2003，第 233 页。[德文见 Werke: Nachlese. Heine: Werke, S. 1193 (vgl. Heine-WuB Bd. 2, S. 347) http://www.digitale-bibliothek.de/band7.htm.] 波森（Posen）乃指时当普鲁士治下的波兹南（现属波兰），那里是犹太人较多的聚居区。

② Horst von Maltitz, *The Evolution of Hitler's Germany – The Ideology, the Personality, the Moment*，（New York: McGrawHill, 1973），pp.85–87. 转引自费舍尔：《德国反犹史》，第 74、76 页。

和股票交易的国际资本彻底奴役我们奠定基础"①。他这样判断道：

> 马克思主义的犹太学说，放弃了自然界中含有的贵族的原理，而在势和力的永久优先权的位置上代之以群众数量，并强调其极端重要性。故此，他们否认在群众之中的个人价值，攻击国族和种族的意义，剥夺人类生存和文化的条件。若其成为宇宙基础，则人类共守的一切秩序势必宣告终结。如若这类原则行之于宇宙，那么宇宙必定大乱，若行之于地球之上，那么这星球的居民必走向灭亡。

> 如果犹太人凭借其马克思主义信仰知识之助，战胜这个世界的各个民族，那么其皇冠就会变成人类的花圈，如此这颗星球又将如数百万年前一样，空无一人般在宇宙间游走。②

这一论断，建立在西方文明内部的"元问题"设定之上，即基督教 - 犹太教的二元对立，如此则马克思的犹太文化身份如影随形，是希特勒认定其一切社会行动与思想行动的根本假设。而按照这样一种逻辑推断，正是宗教二元导致了国族竞胜，之所以要掀起各个国族之间的竞争局面，乃归因于希氏为马克思设想的犹太教借助其金融资本之力量统治世界的目的。希氏在这里即便不是"以小人之心度君子之腹"，也过于"强人以就己"，因为他自己的最基本思路就在于强调德意志民族、日耳曼种族的"生存空间"问题，说到底就是设定犹太

---

① Adolf Hitler, *Mein Kampf*（Muenchen: Zentralverlag der N.S.D.A.P., 1936），S.234. 这段德文的首句比较含混不可解，英译本将其简化了："I was beginning to learn afresh, and only now came to a right comprehension of the teachings and intensions of the Jew, Karl Marx. Only now I did understand his *Capital*, and equally also the struggle of Social Democracy against the economics of the nation, and that its aim is to prepare the ground for the domination of the truly international capitals of the financiers and the Stock Exchange." [引自 Adolf Hitler, *My Struggle*（London: Paternoster Library, 1938），p.96.]

② Adolf Hitler, *Mein Kampf*, S. 69–70.

人为德国人之天敌，以此来凝结德国人的民族性。当然这个问题不是从希特勒这里凭空而出，而是有其深刻的历史渊源。

歌德曾说过："德国本身无足轻重，但作为个体的德国人却很了不起，不是前者造就后者，而是后者玉成前者。德国人必须像犹太人那样，向世界各地流散、移居，让其善良得以发展，并最终提升在各民族内心深处的幸福康宁。"[①] 这里涉及两个极为重要的判断，前者似乎已经由历史得到某种证明，而后者仍有待印证[②]。德国人究竟在多大程度上能以其四海漂泊而实现对各民族的幸福之促进，这是一个有趣的话题。至少，歌德确实是极具洞察力地预见到民族间的相互交流、互动、融合乃是创生和发展的关键所在，而对一个主体性民族来说，采取"主动走出去"的方式是必要的。毕竟，犹太人属于"无根一族"，而德国人则是"根植深厚"。

但无论这两个民族如何彼此仇视，其彼此间的密切关系毋庸置疑。这一点有人认识得很清楚，譬如托马斯·曼就认为德国人之所以迫害犹太人，是因为二者从本性来说极为相像[③]。对这个问题，或许马克思的认识是非常清醒的："刺，就像犹太精神在基督教世界中一样，从我生下来那天起就在我的眼中，现在仍然在我的眼中，并且跟眼睛一同成长和发展。这样的刺并不是普普通通的刺，而是和我的

---

① 歌德 1808 年 12 月 14 日与米勒（Friedrich von Müller）的谈话 [Goethe: 1808. Goethe: Briefe, Tagebücher, Gespräche, S. 28732 (vgl. Goethe-Gespr. Bd. 2, S. 232) http://www.digitale-bibliothek.de/band10.htm.]，米勒是魏玛公国的宰相。参见沃尔夫·勒佩尼斯:《德国历史中的文化诱惑》，刘春芳、高新华译，译林出版社，2010，第 182–183 页。

② 从美国建国时代起已有德籍人士移居，然而直到日后的殖民时代（德国远比不上英、法强势）、纳粹时代的知识移民，德国人虽然有"全球族"的征兆，但还远谈不上如犹太人那样成为一个地球村的"游牧族"。

③ Thomas Mann, *An die gesittete Welt – Politische Schriften und Reden im Exil*（《致文明世界——流亡中的政治文章与演讲》），Hg. Hanno Von Helbling, (Frankfurt am Main: S. Fischer, 1986), S.852.

眼睛分不开的一根罕有的刺，它必然会对我的视觉的高度非凡的发展有所贡献。"[1] 这是马克思思想发展过程中对青年黑格尔派的反戈一击，尤其是对师友之间的鲍威尔的批判。通过对鲍威尔所著《犹太人问题》（*Die Judenfrage*, 1843）毫不留情地反驳，尤其是其对犹太人生活的日常基础的忽略："鲍威尔先生就没有发觉，现实的世俗的犹太精神，因而宗教的犹太精神，是由现今的市民生活所不断地产生出来的，并且在货币制度中获得了高度的发展。他之所以不能发觉这一点，是因为他不知道犹太精神是现实世界的一环，而只把它当做是他的世界即神学的一环"[2]。如此，马克思进一步深刻揭示出犹太人生存的物质基础和环境制约的关键因素：

> 在"德法年鉴"中曾经证明犹太精神是依靠历史、通过历史并且同历史一起保存下来和发展起来的，然而，这种发展不是神学家的眼睛，也不是在宗教学说中所能看到的，而只有世俗人的眼睛，只有在工商业的实践中才能看到。在"德法年鉴"中曾经说明，为什么实践中的犹太精神只有在完备的基督教世界里才能达到完备的程度；不但如此，那里还指出，它只不过是基督教世界本身的完备的实践。现代犹太人的生活不能以他们的宗教（好像宗教就是一种特殊的孤芳自赏的本质）来解释；相反地，犹太教的生命力只能用虚幻地反映在犹太教中的市民社会的实际基础来解释。因此，犹太人解放为人，或者人从犹太精神中获得解放，不应像鲍威尔先生那样理解为犹太人的特殊任务，而应理解为彻头彻尾渗透着犹太精神的现代世界的普遍的实践任务。已经

---

① 马克思、恩格斯：《神圣家族，或对批判的批判所做的批判：驳布鲁诺·鲍威尔及其伙伴》，载中共中央马克思恩格斯列宁斯大林著作编译局编译《马克思恩格斯全集》第二卷，人民出版社，1957，第112页。

② 同上文，第140页。

证明，克服犹太本质的任务实际上就是消灭市民社会中犹太精神的任务，消灭现代生活实践中的非人性的任务，这种非人性的最高表现就是货币制度。①

　　说到这里，马克思展示了他最锋锐的武器，即将问题又归结到唯物论上来，通过对犹太问题的世俗化还原，马克思似乎想回避犹太人的宗教规定性，或者至少是强调基督教社会（尤其是资本主义社会）是产生所谓"犹太精神"的根本性土壤。如此，马克思一方面承认作为某种程度孽根性的"犹太精神"（或"犹太本质"），另一方面则凸显了现代性问题中的原罪核心问题"货币制度"。诚然，马克思此论在其时历史语境之下显得极为精辟，而且慧眼独具，新意豁然。但这似乎也只反映了问题的一个相当重要的方面，所以他即便开脱了犹太人与犹太教，也还免不了对问题的追根溯源。我们有必要进一步追问，现代性背景下资本主义的货币制度又是因何而产生的呢？基督教主导下的欧洲社会文化背景自然也是最基本的语境。

　　在我看来，问题的本质与其说是宗教，不如说是种族 – 文化，最根本的，或许还是宗教 – 种族 – 文化三者合而为一的问题，这三者本是一体而三义，表述不同，其质则一。种族之属，人生来必备，非自性可以后天选择；而文化，则是凡有种族之属（宗教之归）者必然有所立定的基本社会生存态度和方式。故此陈寅恪先生强调"种族与文化二问题"极为关键，"实李唐一代史事关键之所在，治唐史者不可忽视者也"②。其实，不仅唐史或中国史研究考虑到"种族与文

---

　　①　马克思、恩格斯：《神圣家族，或对批判的批判所做的批判：驳布鲁诺·鲍威尔及其伙伴》，载中共中央马克思恩格斯列宁斯大林著作编译局编译《马克思恩格斯全集》第二卷，第 140–141 页。

　　②　陈寅恪：《唐代政治史述论稿》，载陈寅恪著《隋唐制度渊源略论稿 唐代政治史述论稿》，生活·读书·新知三联书店，2001，第 183 页。

化"这两个关键因素，这几乎是一个普遍性的现象。再加上宗教在西方，与一个种族的基本信仰、行为规训乃至思维方式等密切相关，仿佛就是外在的身份证一般。所以，我这里强调种族－宗教－文化的三位一体。犹太人的问题，在这样一种贯通的眼光下或易显得清楚。因为，即便是到了 20 世纪，经历过大屠杀之后的犹太人，仍然意识到"生存竞争"之悲凉与"文化冲突"之可怕，或许这样一种认定是有道理的。

　　要给"犹太问题"准备"解决"，第一步是把犹太人与人类分离开来。那程序并不新鲜；它已持续了大约两千年。我们听了一次又一次，在对盛行于许多地方的暴行的辩解中，听到既有犹太人也有其他人；犹太人从来是完全无辜的，其他人也从来不曾完全有罪。历史的客体与非主体，犹太人向来受着这样一个社会的掌握，在其中先加以迫害后再加以杀戮时常是通向神圣或权力之路。①

作为犹太人的悲凉宿命赫然纸上，而在如此强大的潮流势力裹挟面前，或许任何一个强势的个体都概莫能外，马克思亦然。既然身为犹太人，那么就注定了要面对悲歌慷慨的苍凉之路。可马克思思想深处的根源性思想究竟是怎样的呢？有论者强调，"追随马克思的生命轨迹，我们可以看到脱离宗教的、激进的犹太人的生命历程"②，这个判断相当重要，因为这里宗教是被消除在外的，而非作为一种原动力。要知道，犹太知识精英群体由于自身经验的缘故，更倾向于同情失败者，并善于搭建进行抵抗的有力的知识平台③。马克思的家世背

　　① 埃利·威塞尔：《犹太复国主义和种族主义》，载埃利·威塞尔著《一个犹太人在今天》，陈东飚译，作家出版社，1998，第 53–54 页。
　　② 费舍尔：《德国反犹史》，第 84 页。
　　③ 参见 Edmund Wilson, *To the Finland Station – A Study in the Writing and Acting of History*,（New York: Harcourt, Brace and Company, 1940），pp. 306–307.

景和宗教渊源，究竟在他的思想形成过程中扮演了怎样的角色？在我看来，马克思努力冲破网罗，包括其自身所属之犹太种属（种族、宗教、文化），外在之客观规训（改宗基督教、德国文化语境）等多重因素，然而殊不知网罗无往而不在，你越是试图摆脱，裹挟也就越发紧迫。这且按下不论，毫无疑问的是，马克思对资产阶级的先进性和对人类文明的贡献也是给予了充分肯定的：

> 资产阶级，由于一切生产工具的迅速改进，由于交通的极其便利，把一切民族甚至最野蛮的民族都卷到文明中来了。它的商品的低廉价格，是它用来摧毁一切万里长城、征服野蛮人最顽强的仇外心理的重炮。它迫使一切民族——如果它们不想灭亡的话——采用资产阶级的生产方式；它迫使它们在自己那里推行所谓的文明，即变成资产者。一句话，它按照自己的面貌为自己创造出一个世界。[①]

我们要注意，马克思、恩格斯在这里实际上设置了两组二元对立的关系，一是资产阶级 – 无产阶级（Bourgeoisie-Proletariat）；一是野蛮 – 文明（Barbaren-Zivilisationen），或者也可理解为文化间性（Intercultural）的关系。更重要的一个判断是："资产阶级使农村屈服于城市的统治。它创立了巨大的城市，使城市人口比农村人口大大增加起来，因而使很大一部分居民脱离了农村生活的愚昧状态。正像它使农村从属于城市一样，它使未开化和半开化的国家从属于文明的国家，使农民的民族从属于资产阶级的民族，使东方从属于西方。"[②] 这里又出现了两组二元关系，即乡村 – 城市（Land-Stadt）、东方 – 西

---

① 马克思、恩格斯：《共产党宣言》，载中共中央马克思恩格斯列宁斯大林著作编译局编译《马克思恩格斯选集》第一卷，第 404 页。

② 同上文，第 405 页。

方（Orient-Okzident）。本质归总而言，马克思的元思维观在这里体现为三种二元关系：阶级、文明、地域。

所有这些因素，都并非凭空而降。文明斗争似乎构成了以西方为中心的基本思维结构，西方人很早就将"东方"定为相对的他者，虽然含义并不清晰，或许仅仅是为寻找一个方便的"镜子"。而从俾斯麦时代的"文化斗争"开始，"文化战争"之演出无有或尽之时。亨廷顿（Samuel Phillips Huntington，1927—2008）一句"文明的冲突"更将这种现象上升到一种颇为大众所接受的理论层次。马克思的精彩发明在于揭示了阶级斗争必然导致无产阶级专政，它在何种情况下会占据压倒性的位置呢？它仅仅是一个社会内部结构中的关键因素而已，还不能构成一个世界性的主导因素。那么，自 19 世纪后期以来，尤其是 20 世纪中期之前的仿佛席卷世界的无产阶级运动说明了什么呢？这些都是值得深入追问的问题。阶级的二元对立，也不妨视作西方二元论的一种表现，虽然与传统很不一样。城乡之争则很可能只是一种假象的二元，因为从本质来看，它只是一个表象，没有表现出前两者那么强烈的"你死我活"之感。所以值得思考的是，城市与乡村世界之间是否构成了那样一种绝对的二元状态？除此之外，作为一种文明的表征，城乡之间的差别和关系确实是值得特别注意的。譬如在现时代的中国，这个问题的重要性恐怕一点不比前两者逊色。

按照易经的观点来看，"一阴一阳之谓道"（《周易·系辞上》），没有二元之间的相互对立、对峙乃至互补，就不可能有"大道之行"的曲折向前。故此，马克思在犹太教、基督教之间的二元冲突中寻找基本的平衡点和突围点，都是可以理解的。但要找到那个黄金分割点，却未必可以一蹴而就。所以，我们不妨来考察一下在他生命历程中相当重要的若干侨易经验，就是走出德国，在欧洲内部若干重要国家的流亡历程。从政治角度乃至个体家庭生活来看，这当然是一条颠沛流离的苦难征程；但就个体的思想发展来说，也未尝不是提供了一种观察他者文化、提升自家思想的最佳经历。

三、侨易语境：
欧洲内部的德、法、英侨易过程

如果考虑到个体思想的不断变化过程，则必须指出马克思一生当中（至少在前期）曾经有过相当丰富的生活地理变化经验。当时的德国，仍是一个公侯林立的分裂之邦，所谓"这是一堆正在腐朽和解体的讨厌的东西。没有一个人感到舒服。国内的手工业、商业、工业和农业极端凋敝。农民、手工业者和企业主遭到双重的苦难——政府的搜刮，商业的不景气。贵族和王公都感到，尽管他们榨尽了臣民的膏血，他们的收入还是弥补不了他们日益庞大的支出。一切都很糟糕，不满情绪笼罩了全国。没有教育，没有影响群众意识的工具，没有出版自由，没有社会舆论，甚至连比较大宗的对外贸易也没有，除了卑鄙和自私什么都没有；一种卑鄙的、奴颜卑膝的、可怜的商人习气渗透了全体人民。一切都烂透了，动摇了……"[1]。其实这也不妨视作他们自己所处那个时代的素描，而这样一种政治、社会的非规范状态给了马克思这样的先锋人士以活动的相对空间。这不仅表现在他获得博士学位上的"灵活变通"，也表现在他日后批判政府、面对强敌时的

---

[1]　Engels, Friedrich: "Deutsche Zustände"（《德国状况》）, in *Der Menschheit Würde- Dokumente zum Schiller-Bild der deutschen Arbeiterklasse*（《人类的尊严——德国工人阶级的席勒图像材料汇编》）, Hrsg. Günther Dahlke, (Weimar: Arion Verlag, 1959), S. 29. 中译文参见恩格斯《德国状况：给"北极星报"编辑的第一封信》, 载中共中央马克思恩格斯列宁斯大林著作编译局编译《马克思恩格斯全集》第二卷, 人民出版社, 1957, 第633-634页。

腾挪可能。

就侨易语境来说，并非只有国家之间的文化转移才体现出质变侨易之可能，本国范围内的质性地域差异也可能提供这样的思想变化机会。就马克思自身的精神发展来说，从特里尔到波恩已经是一重侨易过程，但这种侨易因为其地域差别相近还效果不彰；而对他来说，具有很大精神史意义的无疑是柏林的求学过程。在分析教育制度因素时，我们已经注意到一个现象，也就是马克思的大学时代，主要是在柏林度过的，但他的学位却求之于耶拿，而选修的课程则五年近乎波恩一年。那么，马克思在柏林究竟干了些什么？这就不得不提到大学本身的"侨易功用"，一方面大学自身承载有教育规训之功能，上课、入学只是求知方式的一种而已；但另一方面的交游、读书（如前所提），如马克思通过参与"博士俱乐部"而成为当时青年黑格尔派的重要成员之一，也是侨易变化必须考虑的重要因素。此处我们相对聚焦其日后的国家间侨易过程，略作探讨。

德、法互动

对于德国知识精英来说，走向法国是自有其传统的，即便是为了追求德意志民族文化之独立而排斥法风，也不能割断德法文化血缘的亲密关系，而只能作为一种策略性选择而已。譬如，18世纪前期以戈特舍德为代表的流派，因为资鉴法国文化资源而占据德国文坛领袖地位，但却因此而凝固僵化了德国整体的艺术状态。于是，莱辛乃应时而起，其之所以能脱颖而出，就在于能挑战戈氏，强调去除对法国的崇拜，确立德国自身的民族性特征。即便是歌德，也不得不借助莎士比亚的臂助而颠覆法国之巨大影响，但这并不妨碍他自己说一口流利的法语，而且非常重视德、法之间的文化思想关系，他特别强调"开辟沟通法国和德国渠道"（eine Annäherung zwischen

Frankreich und Deutschland zu bewirken）的重要性[1]。

　　这一问题，到了后代精英身上，仍然有"剪不断，理还乱"的关系。最简单的例子，自然是海涅。而海涅与马克思的缔交，除了他们共同的犹太背景，在巴黎的交谊则是重要前提。所谓"把海涅和马克思结合在一起的，是德国哲学的精神和法国社会主义的精神，是对基督教德意志的寄生性和装腔作势的条顿狂的深恶痛绝，这种条顿狂用激进的口号把古老德国的笨拙的外衣改制成比较时髦的样式"[2]，这样一种比喻多少有些不伦，但所表现的德、法自觉融合的意识却是相当鲜明的。

　　实际上，马克思的出生地特里尔位于莱茵省，就与卢森堡相邻，距法国也十分近。有论者认为："他（指马克思，笔者注）接受了两种伟大的文化教育：法国文化和德国文化。法国文化体现在他的学说的革命性上，而德国文化则反映在他的哲学里；前一种文化为马克思的社会主义提供了养分，后一种文化则滋养了他的辩证法。"[3] 简单地将思想来源进行归类，无疑显得清晰明了，有时也难免武断之嫌，但至少这里揭示出一个很重要的问题，就是马克思文化资源的德法双重背景。在欧洲文化史传统里，"南北文化"的概念非常重要，以德国为中心的日耳曼文化代表北方，以法国为中心的罗曼文化代表南方，他们构成了一种欧洲构型的二元基本结构，既有其相对抗的一面，亦有其相互补的一面。马克思的诞生地似乎已预示出他对德、法文化的双重汲取。

　　本来马克思获取耶拿大学博士，也有其为生计谋的考虑，因

---

　　① 1828 年 10 月 17 日谈话，载爱克曼辑录《歌德谈话录》，朱光潜译，人民文学出版社，1978，第 173 页。

　　② 梅林:《马克思传》，第 107 页。

　　③ 鲍·斯拉文:《被无知侮辱的思想——马克思社会理想的当代解读》，孙凌齐译，中央编译出版社，2006，第 100 页。

为按照大学章程，波恩大学是不能完全向一个外邦大学的博士学位（Doctor promotus）获得者关门的。但政府对学术自由的直接插手，使得这一可能性也不存在。1841 年，时任文教大臣的埃希霍恩施加压力，使各大学神学系（哈勒大学、柯尼斯堡大学除外）均参与了对鲍威尔的攻击，而原本批判福音书的鲍氏也就此屈服 [①]。所以，马克思在大学谋职的可能性自然消逝了。不要小看这一事件，因为正是马克思"未能在大学教育系统（这种教育系统根本没有持不同政见知识分子的一席之地）中谋得一个教职，这更加强了他的疏离感" [②]。何止是疏离感？这样一种无法获得自己倾心职业的"就业挫折"，对个体成长来说具有重大意味。大学教职意味着稳定性、等级性的社会秩序内地位的获得，所以除了提供一种经济保障之外，它也是驯化异己分子、体现现存秩序融化力的重要场所。

这使得马克思转向了另外一种职业，就是进入新闻媒体。虽然涉足媒体是马克思原来的考虑，即同时出版一种激进报纸，但这种作为职业媒体人的选择与以学院身份兼职办报的思路还是有本质区别的。一方面，他参与了卢格主持的《德意志年鉴》（*Deutsche Jahrbücher*）的工作；另一方面，他因为威廉四世（Wilhelm Ⅳ，1795—1861）的书报检查令（Preußische Zensur-Verordnung vom 18. Oktober 1819）而直接进入报社任职，开启了马克思的《莱茵报》（*Rheinische Zeitung*）时代。可惜的是，从 1842 年 1 月 1 日该报创办于科隆（Köln），到 1843 年 11 月马克思、燕妮夫妇赴巴黎，马克思在德国社会生活，或者说是合法化的职业工作也就不到两年的时间，与其说是他的政治

---

① 梅林：《马克思传》，第 40、46 页。

② 戴维·麦克莱伦：《卡尔·马克思传（第 3 版）》，王珍译，中国人民大学出版社，2005，第 2 页。

兴味超过了哲学兴趣 ①，还不如说他更出于一种青年时代特有的叛逆情绪与常规路径难得发展的刺激。这样一种经验是值得记取的，政府不能将对立情绪转化相融，化解这样一种有可能成为反叛力量的"忿怒"，反而是以暴力的手法火上浇油，使得对方日益走向对立面乃至敌对面，这就只能使对抗愈演愈烈。人的青年时代是最容易产生叛逆情绪的，但也是最具有可塑性的。或者，化解每代青年的"宿命叛逆"乃是传统社会体制必须解决的核心问题之一，否则就只能导致社会的"重大动荡"。

19 世纪的普鲁士看来是不具备这样的"融化能力"的，正是这个国家制度将马克思推向了一条抗争之路。于是马克思与燕妮（Jenny Marx, Johanna Bertha Julie, 1814—1881）伴随着婚姻开始而进入了他们的"艰难岁月"，1843 年 6 月 19 日两人结婚，不久就抛乡别土。之所以选择巴黎，也还是因为经济因素的考量更多些，这里不仅在政治上更安全，而且经济上也相对更符合他们的实际情况。法国对于那个时代的德国人来说，简直就是"耶路撒冷"！虽然歌德等人当初自立起德国文学的民族性特征，是以"驱法择英"为策略的，但法国文化的实际影响力，却并不曾真的减弱。到了后代人，这种趋向又逐渐恢复起来，最典型的例子，自然是洪堡、施莱格尔与法国的亲密关系，到了海涅这一代表现得更明显。马克思也可以视为这样一种世代谱系中的延续，所以《德法年鉴》（*Deutsch-Französische Jahrbücher*）之类的计划也就是完全可以理解的了，尽管它只是在 1844 年 2 月出版了一期合刊号，但其象征性意义仍不可忽略。

马克思之迁居巴黎，是其青年叛逆的必然结局。或许这早在其博

---

① 按照卢格的看法，"马克思已经被一种远比哲学更强烈的兴趣吸引住了。自从他写了评书报检查令的文章以后，他就走上了政治斗争的道路"。引自梅林：《马克思传》，第 49 页。

士论文中就已经显露端倪，"无论是神的传说，还是天上的闪电和滚滚雷鸣，/什么都不能使他畏惧……"[①]。在现实生活中，这种神威就被视同为普鲁士的王权统治，马克思和其时政权的激烈冲突，必然导致他的精神侨易的多向度发展。这或许也是物质行为与精神变化之间的某种必然关联性体现吧。

无论是费尔巴哈的"高卢－日耳曼原则"（Gallien-Germane Prinzip），还是卢格（Arnold Ruge, 1802—1880）的"德法精神联盟"（Geist Allianz Deutschland und Frankreich），都没有真正落实。尤其是在争取法国精英的参与方面，所谓"'法国的政治原则'瞧不起德国的陪嫁——黑格尔哲学的'逻辑的明彻性'"[②]。蒲鲁东（Pierre-Joseph Proudhon, 1809—1865）、列鲁（Pierre Leroux, 1797—1871）、拉马丁（Alphonse-Marie-Louis de Lamartine, 1790—1869）、拉梅耐（Félicité-Robert de Lamennais, 1782—1854）、勃朗（Jean-Joseph-Louis Blanc, 1811—1882）等人都未能参与甚至拒绝合作，这就使得巴黎的德国人不得不自己上演一出大剧，海涅、海尔维格（Georg Friedrich Herwegh, 1817—1875）、雅克比（Johann Jacoby, 1805—1877）、赫斯（Moses Hess, 1812—1875）、贝尔奈斯（Ferdinand Karl Ludwig Bernays, 1815—1879）、恩格斯（Friedrich Engels, 1820—1895）等人纷纷加入，使得办刊计划未曾夭折。从这点来看，德国精英似乎过于一厢情愿地希望联合法国人士，但却未能在精神上获得真正的呼应。

---

① 卢克莱修（Lucretius）诗。[德文见 Marx: Differenz der demokritischen und epikureischen Naturphilosophie. Marx/Engels: Ausgewählte Werke, S. 134 (vgl. MEW Bd. 40, S. 305) http://www.digitale-bibliothek.de/band11.htm.] 中译文参见马克思：《德谟克利特的自然哲学和伊壁鸠鲁的自然哲学的差别》（博士论文），载中共中央马克思恩格斯列宁斯大林著作编译局编译《马克思恩格斯全集》第一卷，人民出版社，1995 年第 2 版，第 63 页。

② 梅林：《马克思传》，第 79 页。

这种尴尬境地，由于政治上的压迫而更为明显。如果说在德国的抗争很快就在强权的打击下如"落花流水"，那么在巴黎的努力也似乎同样昙花一现，从 1843 年年底到 1845 年年初离开，马克思的巴黎生涯也就是一年有余而已。这当然与《前进报》(*Vorwärts!*) 的激进姿态与普鲁士政府的强大压力有关，但无论如何，这都说明法兰西并非理想中的自由乐园，它的保守性甚至反动性也都是不应忽略的。

布鲁塞尔的驱逐与链结意义

对于马克思夫妇而言，在比利时的经历无疑最为让人不满，因为正是在这个小国，他们不仅遭遇了经济物质上的最大困难，而且感受到了一种来自人格的屈辱。其时比利时王国新建不久，但却是很早就实行了工业化的国家。作为小国的比利时，夹在法、德之间，有其自家的难处。但同样，也有其一定的灵活空间与可能性。马克思之所以选择布鲁塞尔，自然是因为在巴黎遭驱逐之后不得不转移的无奈。

马克思在比利时究竟收获了什么呢？他们一家在那里居留三年，度过了非常关键的生命岁月，因为这其间正是马克思走向而立的成熟预备期。情况后来发生了重要的变化，燕妮是这样回忆的："当时，革命的乌云越来越浓密。比利时的地平线也是一片昏暗。当局首先害怕工人以及人民群众的社会性的自发行动。警察、军队、自卫军全都动员起来了，各方面都处于战斗准备状态。当时德国工人决定，他们必须武装起来。他们得到了短剑、手枪等等。卡尔愿意出钱，因为当时他刚得到一份遗产。政府认为这一切都是阴谋、犯罪的打算，因为马克思有钱买武器，所以必须把他弄走。"[1] 这个事情好像并不复杂，

---

① 燕妮·马克思：《动荡生活简记》，载中共中央马克思恩格斯列宁斯大林著作编译局编《回忆马克思》，人民出版社，2005，第 154 页。

马克思被比利时当局逮捕；燕妮当然有些惊惶失措，到处打探消息，试图营救，结果是也被捕了。不过，看来资产阶级政府还是讲道理的，并没有将他们绳之以法，而是给了他们一纸驱逐令。好在此时法国政府的驱逐令已经取消了，那么马克思夫妇就可以易地而居，"那时候有什么地方能比在新的革命的阳光照耀之下更使我们感到自在呢！我们决心到那里去，立刻就去！……我们就这样离开住了三年的布鲁塞尔。那是一个非常阴暗寒冷的日子……"①。看来，布鲁塞尔的气候也不留人，1848 年，他们迁往巴黎。可毕竟，这是马克思一家留居了三年的地方啊！难道他们在这里真的一无所获？后世史家的观点似乎与此不同：

> 布鲁塞尔是一个建立德国社会主义者之间联系的理想的、有利的地方，因为它地处与巴黎、伦敦（这些地方是德国工人移民最大的聚居区）和科伦（莱茵省的首府，德国最易接受共产主义思想的省份）构成的三角形地带的中间。在布鲁塞尔，一群极有才华的德国流放者很快就开始聚集在了马克思的周围。②

这是从社会场域活动的角度来立言，事实也正是如此。马克思的青年时代虽然也高度重视理论著述，但其本色仍是一个政治实践者，所以获得这种"人气"场的集中效应，对他来说是非常重要的。此外，我们应注意这样一个特别的现象："在布鲁塞尔之后，马克思几乎没有再发展亲密的友情；他在布鲁塞尔发展或得到加强的这些友情，大部分都保持了终生。"③这其中比较突出的像魏特林（Wilhelm Christian Weitling，1808—1871）、蒲鲁东等都是。而恩格斯也有一段

---

① 燕妮·马克思：《动荡生活简记》，载中共中央马克思恩格斯列宁斯大林著作编译局编《回忆马克思》，第 155 页。

② 麦克莱伦：《卡尔·马克思传（第 3 版）》，第 142 页。

③ 同上书，第 144 页。

时间在布鲁塞尔，并与马克思一起做了六周的英国之旅，回来后完成
了著名的《德意志意识形态——对费尔巴哈、布·鲍威尔和施蒂纳所
代表的现代德国哲学以及各式各样先知所代表的德国社会主义的批
判》①。按照马克思的日后追记："当 1845 年春他（指恩格斯，笔者注）
也住在布鲁塞尔时，我们决定共同阐明我们的见解与德国哲学的意识
形态的见解的对立，实际上是把我们从前的哲学信仰清算一下。这个
心愿是以批判黑格尔以后的哲学的形式来实现的。"②这部厚重的著作
诚然是布鲁塞尔时期的杰出著作，但另一篇小文章可能在马克思的思
想发展历程中一点都不比这部大书次要。也正是在布鲁塞尔，马克思
完成了他著名的《关于费尔巴哈的提纲》，这具有重要意义，那句讽
刺哲学家的话语，即解释世界和改变世界的关系的话就出自此文③。
所以，在我看来，即便马克思夫妇对比利时的居留再不满意，这里也
凝聚了他们三年的光辉岁月，加之比利时在文化意义上的德、法中介
功用，和布鲁塞尔的中心城地位，对其侨易学价值需要予以足够重
视。马克思离开比利时后，最初选择的不是英国而是法国，这道理也
不难理解，因为当时正是 1848 年革命的浪潮汹涌之际。

德、英之链

　　然而，最终接纳马克思的，竟然是英国。我们注意到，1849 年
马克思到达伦敦之时，后者已是拥有 250 万人口的世界最大的城

---

　　① 　马克思、恩格斯：《德意志意识形态》，载中共中央马克思恩格斯列宁斯大林
著作编译局编译《马克思恩格斯选集》第一卷，人民出版社，2012 年第 3 版，第 141-
215 页。

　　② 　马克思：《〈政治经济学批判〉序言》，载中共中央马克思恩格斯列宁斯大林著
作编译局编译《马克思恩格斯选集》第二卷，人民出版社，2012 年第 3 版，第 4 页。

　　③ 　马克思：《关于费尔巴哈的提纲》，载中共中央马克思恩格斯列宁斯大林著作编
译局编译《马克思恩格斯选集》第一卷，第 136 页。

市①。而这样一个维多利亚时代（也可说是狄更斯时代）的伦敦与英国，与马克思产生了万千关联，但却并不能使后者产生好感，"这种联系可以说是给他（指马克思，笔者注）提供了材料和思想，以及工作和生活的基本安全保障，而他在运用他的发现时，总是在探索一个远为广阔的天地"②。尽管如此，我们应当关注到，恰恰是这个现代化大生产领先欧洲的国家、似乎没有深厚文化积淀的国家为马克思提供了迁徙避难的寓所，甚至是潜心学问的物质基础。这真是一个奇妙的悖论！然而却是事实。

作为法国启蒙巨子之一的伏尔泰曾说过："上帝啊，我真的热爱英国人。/ 如果我不是爱他们更甚于法国人，愿上帝惩罚我！"③他甚至提问说："世界为什么不能更像英国？"（《哲学辞典》，1764 年）伏翁有时故作惊人之语，不必过于当真，但他对英国文化的推崇则确实发自内心，可谓是推崇备至。18 世纪，法国对英国文化的接受可作如此看：

> 如果说伏尔泰为法国的崇英狂潮奠定了哲学基础，但其在文化方面所受到的几近无度的推崇可不是他的责任。他和孟德斯鸠一起普及了英国文学和哲学：牛顿科学、英国法、自然神论甚至于共济会制度。孟德斯鸠《论法的精神》在法国成为畅销书。不光学者和律师，就连时尚的英国迷都争相阅读。思想界向往英国的风尚，好像所有的英国人都是深刻的思想家。④

---

① 阿萨·勃里格斯：《马克思在伦敦》，陈叔平译，中国人民大学出版社，1986，第 10 页。

② 同上书，第 9 页。

③ 转引自伊恩·布鲁玛：《伏尔泰的椰子——欧洲的英国文化热》，刘雪岚等译，生活·读书·新知三联书店，2007，第 23 页。

④ 同上书，第 45 页。

英国的这样一种文化优势，其实并不仅是对法国如此，甚至风靡欧洲，德国人也不例外，甚至有过之而无不及。最典型的是对莎士比亚的接受①，歌德当初那么迷恋热衷地大加褒奖。尤其以奥·施莱格尔的莎剧德译为代表，在德国掀起了轰轰烈烈的莎翁热潮，而其之所以如此成功，实在可以被看作侨易现象史上的特例。有论者如此评价道：

> 施莱格尔的译作所受到的狂热接受，远远超过了一般的翻译。它是一种变形，一种语言的变形；脱胎于莎士比亚的话语，一种新的、德语的创作产生了，表达着一种前所未有的思想深度，如此深刻以致人们甚至不知道它曾存在过。这么说吧，莎士比亚的精神与德国的 Geist（时代精神）水乳交融。对有些德国人来说，他们认为这表明了德语的优越性。他们声称莎士比亚的天才在德国被重新发现，他本应该是德国人，其实他就是德国人。②

对于这一现象，仅仅激动不已是不够的，要知道"德国的莎士比亚崇拜，实际上是作为伏尔泰对英国戏剧由来已久的蔑视的一种反动而出现的。但它最终却成了伏尔泰普世主义的一种误用"，虽然莎士比亚在世界范围内广泛传播，但"只有在德国，他那普泛的魅力才被归之于本土的天才，或说德语的时代精神"③。所以，可以说德、英之间，是有着一种密切的精神关系的。这一点，无论从最初的日耳曼语族同源，还是日后希特勒在第二次世界大战中对英国所抱有的特殊好感与期待中，都可以得到印证。那么，我们需要追问的是，为什么马

---

① 这个领域的代表性著作，参见 Friedrich Gundolf, *Shakespearre und der deutsche Geist*（《莎士比亚与德国精神》），（Berlin：Bondi, 1911）.

② 布鲁玛：《伏尔泰的椰子——欧洲的英国文化热》，第58–59页。

③ 同上书，第59页。

克思对英国这样一个大度包容他的国度有如此奇怪的感情？

我们也要意识到这种地理环境变化造成的精神侨易的选择不同。譬如"自从马克思最后离开德国以后，他对德国文学的兴趣就淡薄了"[1]，而"从马克思定居伦敦以后，英国文学就在他的文学爱好中上升到了第一位"[2]。这其中是否存在必然的因果关系值得怀疑，马克思对德国文学的兴味真的就淡薄了吗？是在何种意义上？这当然也应该和语境变化有关，因为毕竟获得知识的途径没有以前那么方便了。在布鲁塞尔，其实在地理距离上就和在德国境内没有太大的分别；而英国，毕竟隔了英吉利海峡。这且作为一个话题搁置，但至少不可否认的一个基本事实就是："在伦敦，在这个首要的大城市，全世界的中心，世界商业的中心，在这个世界的瞭望塔上马克思可以找到为完成他的著作正在搜求并需要的基本素材。在这里可以纵观整个世界的商业、世界的政治和经济动态，这在地球上任何别的地方都是办不到的。《资本论》只有在伦敦才能够完成。"[3]这倒是一个值得注意的观点，因为正是在伦敦，这个世界经济中心城市，马克思不但切身体会了资本主义的繁荣发达是怎么回事，而且更深刻地认知到英伦表象背后的那只"看不见的手"。当然我们也得承认，正是当时英国社会的制度宽容，才包容下马克思借助这里的物质条件完成了他的巨著《资本论》。

---

① 梅林：《马克思传》，第 622 页。

② 同上书，第 623 页。

③ 李卜克内西：《纪念卡尔·马克思——生平与回忆》，载中共中央马克思恩格斯列宁斯大林著作编译局编《回忆马克思》，第 31 页。

四、思想形成：德国精神之变形

那么，我们需要追问的是，马克思的定位究竟在何处？在德国精神的谱系里，他究竟扮演了怎样的角色？对于这个问题的回答，我们必须引入其他的时代人物作为参照，一是拉萨尔（Ferdinand Lassalle，1825—1864），一是俾斯麦。作为德国制度层面的掌舵者，俾斯麦不但以其雄心、智慧和谋略在政治场域中引得德国走上了复兴之路，而且确实有谋其功于久远的长策；而拉萨尔则以其在德国工人运动兴起过程中的灵活表现和组织才华，使得德国政治场的阶层博弈有缓和求同的可能。虽然他们之间是道不同不相为谋，可这并不妨碍他们成为标志那个时代的代表性精英人物。

在马克思看来："思想从来也不能超出旧世界秩序的范围：在任何情况下它都只能超出旧世界秩序的思想范围。思想根本不能实现什么东西。为了实现思想，就要有使用实践力量的人。"[①] 这句话对理解马克思的理论来说至关重要，因为这就决定了马克思的理论与以往任何的学院理论不同，它从一开始就是有着非常明确的致用动机，而要走向广袤的实践世界的。所以马克思会说，"哲学家们只是用不同的方式解释世界，问题在于改变世界"[②]。就这一点而论，马克思可以说既超越了从康德到黑格尔的德国哲学路径，也远离了歌德、席勒开辟

---

① 马克思、恩格斯：《神圣家族，或对批判的批判所做的批判：驳布鲁诺·鲍威尔及其伙伴》，载中共中央马克思恩格斯列宁斯大林著作编译局编译《马克思恩格斯全集》第二卷，第 152 页。

② 马克思：《关于费尔巴哈的提纲》，载中共中央马克思恩格斯列宁斯大林著作编译局编译《马克思恩格斯选集》第一卷，第 136 页。

的古典思脉。这是马克思对德国精神的重大贡献，但同时也可以认为
是一种叛逆。

从这个意义上来说，我们可以将其与卢梭相提并论。卢梭之所以
能名垂后世，除了他的诸多著述之外，很重要的一个原因就是罗伯斯
庇尔对卢梭理论的政治实践[①]。而列宁对马克思理论的实践，将一个
本来近乎理想化的理论变成了一种可以在现实之中操作的政治思想。
星星之火可以燎原，马克思的理论之火，没有成功点燃于其母国德
国，却在俄国熊熊升腾，并由此转向中国、走向世界，这既是一种历
史的悖论，又是一种历史的必然。如何解释，尤其不易。我希望首先
做的，还是将马克思在具体的历史语境中还原，首先确定其德国人身
份，考察其犹太背景[②]，将其在德国精神结构中予以把握。

谈论歌德－马克思结构，就必然要引起质疑：为什么不是歌德－
俾斯麦呢？为什么不是歌德－瓦格纳呢？如果说提瓦格纳还有过于
拔高艺术家的成分，那么俾斯麦作为德国精神在政治领域的最终完成
者，其意义真可谓怎么高估都不过分。但我认为，就人类大同的理想
境界而言，瓦格纳、俾斯麦都没有如此高度的品藻意境，论人还需上
高楼，也只有在最高楼的层面上，我们会选择歌德－马克思作为德
意志民族－世界民族的标志性人物，他们所组合成的德意志民族精
神结构，是可以代表世界未来的人类文明史意义的。

就德国精神史的自我发展轨迹而言，经历了歌德、黑格尔之殇
的德意志精神星空，一时间萧索零落，虽然蒂克（Ludwig Tieck，
1773—1853）、叔本华、兰克、海涅等人继续在德国空间努力开拓

---

① 朱学勤：《道德理想国的覆灭——从卢梭到罗伯斯庇尔》，上海三联书店，
1994。

② 当然，对马克思的思想发展过程，是必须借助侨易思维考察的。且不说犹太文
化的根本性作用，就是德、法文化之间的首度碰撞，德、英文化的张力调适，都是可
以深入底里的重要命题。

属于天才的土地，但他们毕竟无法支撑起如此浩瀚的德意志精神宇宙。浪漫思脉之飘零凋落，到了此时似乎已然水落石出，以蒂克的创作实绩尚不能挽颓势于万一，后来者离正道则愈行愈远；虽然有尼采日后的努力复振，可在 19 世纪中期的时代里，却是一派萧条。所以，这个时代的精神界，自有其可悲的天才凋零之一面。但瓦格纳的崛起，具有重大意义。故此，我们可以说，19 世纪中期的时代（大致为 1840—1870 年代）里，占据主流的是启蒙思脉的影响力。但不同则在于，这种思想的力场更多地已从书斋走向社会，从思域走向现实。不管是更具学人品格的马克思，还是政治家风范的俾斯麦，甚或是艺术家气质的瓦格纳，他们都将自己的观念（借助文本和作品）作为了一种"战斗的武器"，于是这个世界就显得如此现实和具有战斗性。说到底，这三者都是在启蒙思脉的引导下或是规定中，各自确立起自己的场域位置的，可有趣则在于，他们的路径竟如此之不同，构成了在启蒙思脉内部的左中右结构。他们虽然都努力追求自己所理解的理想和大道，但也都在不同程度上疏离了歌德老人开辟的轨道。

瓦格纳回到德国的日耳曼原初情结，希望用他重新创作的《尼伯龙根》歌剧为德国民族规定思想方向，所谓"德国音乐天才理查德·瓦格纳可以被视为 20 世纪早期德国民族主义的观念之父之一。这是名副其实的。由于他的高智商、高品位，难以琢磨，善于想像整个人文主义哲学的体制，以及强烈想要传达其思想，他创作了一些杰出的歌剧。这些歌剧，除了自身的艺术价值外，还担任了特殊的角色，它们促进了一个主战的、沙文主义的德国民族主义的形成。其戏剧中的一些东西，尤其是他愿意看着自己的国家将外来客拒之门外的那部分，对此只有德国人才能完全理解"[1]。殊不知歌德早在 1813 年

---

① 《关于作者》，载理查德·瓦格纳、弗朗兹·李斯特著《两个伟大男人的神话——瓦格纳和李斯特的书信集》，吕旭英、徐龙军译，中国人民大学出版社，2004，第 1 页。

就说过这样一段话："您可别以为我对自由、人民、祖国等伟大思想无动于衷。不，这些思想就在我们心中；它们是我生命的一部分，没有人能摆脱它们。我也总把德国萦怀在心中。每当我想起作为个人如此值得尊敬而作为整体却那么可怜的德国人民来就感到切肤之痛。把德国人民和其他民族相比会使我们感到羞愧难堪。我千方百计地想摆脱这种感觉，在科学和艺术中我找到了可以使自己升腾起来以超越这种情绪的翅膀。但它们所能给予的安慰只是一种令人不快的安慰，并不能替代那种因意识到自己属于一个伟大的、令人敬畏的人民而产生的自豪感。对祖国未来的信念所给人的安慰也不过如此而已。"① 这种反思性与艺术性的民族认同感与瓦格纳的那种激进民族主义，其境界高下不言自喻。

俾斯麦坚守了容克的本色，希望能够为德意志民族用铁血和刀剑打开广阔的生存空间。虽然连辜鸿铭都承认，"俾斯麦对我来说，他是纯粹的、地道的、真正的德意志精神代表"②，可如果过分确认这样一种以利益为原则的谋略传统，仍然距离大道甚远③。而歌德的"世界公民"意识绝不是仅仅谋划本国发展的利益算计，对于理想社会，歌德借助雷纳多的演说，似乎又提出了另一种标准：

　　大家一再说："哪儿过得好，哪儿就是我的祖国！"如果人

---

① 迪特尔·拉夫：《德意志史——从古老帝国到第二共和国》，波恩，Inter Nationes，1987，第 62 页。[德文见 Diether Raff, *Deutsche Geschichte - Vom Alten Reich zur Zweiten Republik*,（München: Max Huber Verlag, 1985）.]

② 辜鸿铭：《在北京庆祝俾斯麦诞辰 100 周年纪念会上的演讲》，载《辜鸿铭文集》，黄兴涛等译，海南出版社，1996，第 574 页。

③ 举一个简单的例子，外交均势原则说来简单，但执行起来，确实需要外交家极为灵敏而狡猾的手腕。既要有战略眼光，更要有决绝的手段。俾斯麦就是这样的人物，他毫不讳言地指出："德国的政策应当努力造成英国与俄国之间的敌对关系，而不是过分的亲密关系。"引自奥托·冯·俾斯麦：《思考与回忆》第三卷，山西大学外语系《思考与回忆》翻译组译，东方出版社，1985，第 244 页。

们说："哪儿能发挥我的才干，哪儿就是我的祖国！"那么这个令人感到欣慰的谚语就把意思表达得更妙了。一个人一无用处，但在家里可能自己和别人都不容易觉察得到，而在外面的大世界里却很快就会暴露无遗。如果我说："每个人都要力求有益于己，有利于人！"那么，这话既非教训亦非劝告，这是生活本身的需要。[①]

民族国家是欧洲特殊历史发展的产物，但它的出现也有其合理性。可问题在于，过于局限在这个层面上考虑问题，是"看花愁近最高楼"的。

马克思算是离歌德最近的了，他对歌德的礼赞，对文学的认知，对人类的理想建构和使命承担，都在在可见出"传统承续"的自觉选择和薪火相传，可"愈近愈远"，越是走近歌德，马克思似乎越发不能接受歌德的立命态度。青年时代对歌德的顶礼，早已变成了一种求真道路的模式区别。或许，正如恩格斯对歌德的评价："歌德有时非常伟大，有时极为渺小；有时是叛逆的、爱嘲笑的、鄙视世界的天才，有时则是谨小慎微、事事知足、胸襟狭隘的庸人。连歌德也无力战胜德国的鄙俗气；相反，倒是鄙俗气战胜了他；鄙俗气对最伟大的德国人所取得的这个胜利，充分地证明了'从内部'战胜鄙俗气是根本不可能的。"[②]这应该能代表马克思的观点。

本来，启蒙时代的核心问题是"哲学－宗教"的对抗，体现在启蒙思脉－浪漫思脉的二元对峙线索中，就是理性的逻各斯结构与

---

① 德文见 Werke: Wilhelm Meisters Wanderjahre. Goethe: Werke, S. 7564–7565 (vgl. Goethe-HA Bd. 8, S. 386) http://www.digitale-bibliothek.de/band4.htm. 中译文见歌德：《威廉·麦斯特的漫游时代》，关惠文译，人民文学出版社，1993，第 387–388 页。

② 恩格斯：《卡尔·格律恩〈从人的观点论歌德〉》，载马克思、恩格斯著《马克思恩格斯论文学与艺术（上）》，人民文学出版社，1982，第 494 页。

感性的秘索思思维的相峙。但由于启蒙思脉的过于强大，逐渐发展为一家独大，内部重分脉派的结构。但其核心问题并未改变。卡西尔深刻指出18世纪的核心问题是：

> 大概没有哪一个世纪像启蒙世纪那样自始至终地信奉理智的进步的观点。但是，如果我们仅从量上看问题，把理智的进步理解为知识的无限扩展，那我们就会误解它的本质。随着量的增长，必然会出现质的规定性。探讨的进展一旦超出一定的知识界限，就会日益明显地回到知识的特有中心。对多样性的探讨，使得人们确信其中存在着统一性；人们所获得的各门各类的知识，使他们能确有把握地预言，这些知识不会构成对理智的障碍，反而会引导理智返回自身，使理智集中于自身。因为我们屡屡看到，理智在其认识全部实在的尝试中虽然走着千差万别的道路，但这只是一种表面现象。也许从客观立场看问题，这些道路似乎是歧异的，但它们的歧异并不是纯粹的离散。毋宁说，所有形形色色的精神力量汇聚到了一个共同的力量中心。形式的差别和多样性，只是一种同质的形成力量的充分展现。当18世纪想用一个词来表述这种力量的特征时，就称之为"理性"。"理性"成了18世纪的汇聚点和中心，它表达了该世纪所追求并为之奋斗的一切，表达了该世纪所取得的一切成就。[1]

当然，如果我们将之放置到一个文明史的行进轨迹中，会发现，它也仅是在启蒙思脉 – 浪漫思脉平行轨迹中的"启蒙主导期"而已，虽然启蒙思脉貌似占据到绝对主导地位，但如果仔细观察，见微发覆，则可能并非如此简单。"假如我们想寻找启蒙时代的一半特征，

---

[1] 恩斯特·卡西尔：《启蒙哲学》，顾伟铭等译，山东人民出版社，2007年第2版，第3-4页。

那么按照传统回答，它的基本特征显然是它对宗教的批判的、怀疑的态度"，但这一普遍预设的答案马上就会在以历史印证时遭到质疑，"就德国和英国的启蒙思想而言，我们马上就会持有最重大的怀疑和保留"①。这也从另一个侧面，证明了这种凯旋表象之后所深藏的暗流涌动。其实，早在 18 世纪尚未终结之际，就已有第三条道路的开辟，以歌德、席勒为代表的"古典思脉"之出现是最佳例证。歌德以一种超越自我、超越人性局限的精神开辟出德国思想史的第三条路径，以"古典和谐"的诉求实现了"三"之成形的重要事功。19 世纪的到来，意味着 18 世纪启蒙时代的自然延续，但这是一种发展意义上的继承与背叛。马克思的出现，进一步说明了思想史发展轨迹的复杂性和变异性。一方面，马克思显然是承继了德国启蒙的优良传统，他是在德国古典哲学，尤其是黑格尔哲学脉络中滋养和成长起来的；另一方面，青年时代的不满足与求新意识，再加上现实政治与社会的残酷和阴暗，使得他必然要走向悖反的道路，对鲍威尔等昔日师友的反目成仇就是例证。所以，启蒙思脉出现了多重走向的可能，而马克思主义无疑是其中一条最艰难、最耀眼、也最曲折繁复与多变的道路。

大幕已然揭开，谁也不能临阵脱逃。讨论马克思的个体，必然不能忽略其犹太种族背景，而马克思主义作为一种新型信仰，明显是淡化了种族文化与宗教意识的。即便是在德国启蒙思脉内部，也出现了明显的分岔小径：黑格尔主义者固然是决不放弃来时路，而马克思派明显也已经羽翼渐丰、大势所向，另一支脉则以瓦格纳为代表，将德意志精神的大旗赫然扛在肩上。大幕上，群英入，好戏即将开锣，谁又能放弃登场？

---

① 卡西尔：《启蒙哲学》，第 124 页。

第四章 文学世界的营拟、尝试与认知：
以歌德、马克思为中心的讨论

一、场域视野中的歌德文学世界营拟 [①]

缔交：古典时代的双子星座的文学场域景观

当席勒初来魏玛之时，似乎并未能引起歌德的充分关注。虽然，早在多年以前，他们就以不平等的身份有过一面之缘。在欧根公爵的邀请下，著名诗人歌德曾为卡尔军校的学生颁奖，其时的席勒，便在

[①] "营拟"一词为我所拟。大意乃指营建拟造，也就是歌德对自己的文学创作有一个整体性的建设性框架。相对一般作家而言，歌德有着一种整体的"文学世界"建设的架构，这从其涉猎文学样式的丰富完整、人物设计的各有特色、艺术追求的绝不重复都可以看出，所以称其营建；但歌德的文学世界，又是有所不足和不能算完整的，所以称其拟造。总体来说，我在此处以"文学世界"概念为中心，区分三个层次，歌德是"营拟"，算是世间最高境界；马克思是"尝试"，也就是说他曾经有过对文学世界的拟想和追求，也有相当丰富的文学基础知识域，但最后并未能真正投入到文学世界的"营拟"事业中去；"认知"则主要指借用，就是借助文学世界所提供的丰富多元基础与可能，将其运用于理解、阐释、研究现实世界和社会问题，乃至自身的学术理论与体系架构的工作中去，并成为一种主要的知识域支撑。

这些学生的行列之中。歌德比席勒年长十岁，但他们在文学场中的身份地位，却相差甚远。1787 年，席勒来到魏玛，希望在这个德国文化精英的结集区获得一席之地，然而他却失望而归[①]。直到 1794 年，他重来魏玛，并与歌德在一次偶然相逢中展开了思想的碰撞，这才开始了两位伟人的"金风玉露一相逢"。

我们要注意到的是，在古典时代这样一个庞大的文化场中，不仅有作为子场的文学场，也还有教育场、学术场、艺术场与传播场。它们都构建起一个共同的母场——文化场。在这个场域里，所有的因子都产生了交集。正是在这种文化场域之中，歌德对自己所需要承担的文学史任务开始逐渐有比较清晰的认识。早在年轻的时候，他就已经意识到：

> 我生当的文学时代，通过矛盾对抗而从过去的时代发展出来。德国既长期为外来民族所充斥，为外国所渗透，在学术上和外交事务上都以外国文字为依归，不能够发展和提高它自己的文字。无数的外来语必要也好，不必要也好，强挤进德国文字里，以表达许多新的概念，就连已知的事物，人们也跟着采用外国的词句、成语加以表示。差不多两个世纪以来，德意志人在不幸和骚乱的状态中粗野化了，因向法国人学习以求娴雅有礼，向罗马人学习以求庄重地表现自己。可是，在本国文字上也这样做；那两种外国熟语的直接使用和它的半德语化，便把社交和日常事务用的文体弄成很可笑……[②]

---

① 　参见 Friedrich-Wilhelm Wentzlaff-Eggebert, *Schillers Weg zu Goethe*（《席勒向歌德之路》），(Berlin: Walter de Gruyter & Co., 1963).

② 　歌德：《歌德文集：第 4 卷：诗与真（上）》，第 259–260 页。[德文见 Werke: Aus meinem Leben. Dichtung und Wahrheit. Goethe: Werke, S. 10345 (vgl. Goethe-HA Bd. 9, S. 258–259) http://www.digitale-bibliothek.de/band4.htm.]

　　文学的使命，并不仅止于一种客观化的描述，甚至是一种功利化的超越，而更在于别求新声之坚守、历史语境之贯通。陈寅恪谓："自昔大师巨子，其关系于民族盛衰学术兴废者，不仅在能承续先哲将坠之业，为其托命之人，而尤在能开拓学术之区宇，补前修所未逮。故其著作可以转移一时之风气，而示来者以轨则也。"[1] 这里所论虽为学术，较之以文学，不但一点都不错，而且更有文化奠基、精神立命的血脉交关之意义。大诗人与诗哲的意义，就在于能够超越小我，确立起一种风气所向的大手笔气象。歌德固然是承继起德意志民族的文学使命，为这个民族一举奠立下雄立世界民族之林的不朽文学殿堂；而马克思的学术创获，当然同样可以说是大大开拓了学术区宇，对后来者的意义更不仅仅是示立轨辙而已。

　　从歌德的上段叙述中，我们可以清楚地看到，德国民族文化的发展是在一种何等密切的程度中与外来民族文化发生关联的，尤其是，这种关联首先是在语言维度上展开的。罗马人、法国人虽然都属拉丁民族，但仍有先后高下之区别。相比较罗马人作为欧洲共祖的光辉地位，法国人作为一种新兴民族后来居上，其文化之灿烂，语言之优雅，成为作为后发民族的德国的向慕对象，本非空穴来风。可问题在于，任何一个民族，其发自于内的精神态势之崛起，往往是迟早必有之事，而在这样一个过程中，必然面临一个如何处理原有文化格局、引进外来资源、创化自我的问题。歌德无疑对这样的大背景有所意识，而且有一种承担之自觉。其实，这个问题并非新鲜，其上代精英莱辛就已经表述得相当清晰，而且莱辛也通过颠覆前人而确立起德意志民族的文化底气（主要是通过挑战戈特舍德）。到了歌德这代人，其年长者如赫尔德等人，虽然取径不一，但也同样贯彻了这一基

---

　　① 陈寅恪：《王静安先生遗书序》，载《金明馆丛稿二编》，生活·读书·新知三联书店，2001，第247页。

本思路：德意志民族的崛起，必须立足于文化根基的自我浇注，这几乎已是一个不容否认的事实。可问题在于，任何一个新兴的民族，如果想要在文化上光荣地立住，那就必须拥有属于自己的文学经典和文化创造。德国人这时已经有了一些值得自豪的东西，譬如路德的德译《圣经》、莱布尼茨的百科全书式的无所不包的知识、莱辛的戏剧和批评……，但还远远不够。他们还缺乏的，是最最核心的民族文学的立基的经典文本与伟大人物。从这个意义上来说，经典择定与伟人确立是一而二、二而一的事情——必须有过硬的，经得起民族、文学史和世界异质文明考验的经典文本的出现，也必须有这么特别凸显的、受到公认的伟人的标立。由此可见，歌德的横空出世不是一种偶发的现象，而是历史选择的必然结果。不是歌德，就是"曲德"，就是"乐德"……，只是一个名字的差别而已。

创造：魏玛营拟与权力场域

1796—1806 年，是德国文学史上辉煌的十年。这十年的岁月里，在 3653 个日日夜夜里，德意志民族两颗最优秀的大脑聚合在一起，用常人难以理解的品格、才华和勤奋，完成了德意志民族文学的创造。而他们不断寻求高雅文学的境界的过程，就是其超越性思想的发展，其实也逼近了"世界文学"的境界。而其最重要的成就，可以分为三个层面来看：在思想上成就了"古典图镜观"，这是德国思想至今为止最高层面的"散手表现"（相比较体系性的哲学家路径）；在文学上完成了"魏玛世界"的文学营拟，即通过大量的经典文本的创作实践，构成了一个有实绩可依的文本世界。对歌德来说，他进一步通过晚年的精益求精，尤其是《浮士德》、《麦斯特》两部巨作的修成，而达致了"文学世界营拟"的大功；在生命上，实现了一种以诗致思的生命状态，这种生命状态是值得充分揭示并肯定的。

　　当然，需要指出的是，生活并非不重要，毕竟再崇高的人也不可能脱离具体的社会场域而生存，譬如在魏玛时代，歌德、席勒也必须生存于其中的权力场域，这其中有政治权力，也有文化权力的运作，此处对此暂不深入探讨。我想强调的是，歌德、席勒的成功，实际上也是在器物、制度、文化三个层面的自我实现。每个个体的生活层面看似琐碎而繁杂，但却往往至关重要，即便不说是"经济基础决定论"，但至少这些关乎柴米油盐的基本生活条件，乃是专心致志进行自己衷心的事业的根本保证；而事业层面，也就是每个人在社会场域中的具体职位和社会地位，乃是保证人之可能为人生存发展的基础所在。这是任何一个伟大天才都不可能全然忽略的。有论者认为："人在世界上的作用，最重要的是交流。"[1]或许略有夸大之嫌，但至少不可否认的是，对"交流"之重要性绝对不可低估。所以，制度层面的事业必须关注。但人之所以为人，并非仅仅是停留于"形而下"的层面就可以满足的。人的终极目的，恐怕还是会达致思想的层面，对于第一流的精英人物来说就更是如此，必须以致思的方式来实现自己的"大功告成"。故此，歌德的文学世界营拟其实有三个层面的功用，虽然上、下两者为辅，但其意义均有独特之处。就器物层面而言，正是其本身家世的优裕，使其能在最初从容进行文学事业；而在魏玛时代的官宦经验与长袖善舞，则保证了其物质层面不存在后顾之忧，否则光是日常生活、养家糊口就可能将一个伟大诗人扼杀在萌芽状态；而就致思来说，他也正是通过作为事业的文学世界营拟的"跬步之积"而达到了"以诗致思"的最高境界。所以，最为关键的仍是歌德在世俗生活中能够"守中"，既没有为世俗功名所诱惑而"飞蛾扑火"，同时又能借助这种条件而为自己的文学世界营拟赢得足够多的支持和

---

　　[1]　特伦斯·霍克斯：《结构主义和符号学》，瞿铁鹏译，上海译文出版社，1987，第 128 页。

保障。再伟大的创造也是需要在具体权力场域的运作之中来实现的，从这个意义上来说，歌德比席勒的成功，与其说是诗才上的更为横溢，还不如说是其适应社会规则的能力更强。

虽然歌德可以举出的成果累累，如《葛兹》、《维特》、《赫尔曼与多罗泰》、《列那狐》、《克拉维果》等都可谓荦荦大观，但如果没有最重要的两部经典垫底，其作为德国文化的核心奠基地位仍甚为可疑。所幸，正是在这十年中，歌德完成了他最值得骄傲的"文学世界的营拟"。虽然，《浮士德》、《麦斯特》都是在其生命的晚年才最终定稿的，但最关键的部分，却是在魏玛十年中成型的。

殇寥：文学场域规则

然而，这伟大友谊之结局，却是无可奈何的"殇寥"。"刘关张桃园三结义"，誓言是"不求同年同月同日生，但求同年同月同日死"，虽然结局不尽为同日，但关羽一旦蒙难，张飞即亡于部下之手，刘备更弃国家于不顾，以致火烧连营毁了蜀国的根基。他们对兄弟之义的看重，实让人无可指摘。文人相交当然没有这么"轰轰烈烈"，李白与杜甫的友谊，似乎可差相比拟，但两者虽见面数次，也更多地是心仪相交而已，在文学上的"合作"却也无法提及。歌德与席勒的友谊，从这个意义上来说，真是文学史上的一朵奇葩。

正因如此，当席勒之逝也，歌德亦老之将至。出现的就必然是一幅"殇寥"的画面，让人情不自禁地想起文天祥的《过零丁洋》：

> 辛苦遭逢起一经，干戈寥落四周星。
> 山河破碎风飘絮，身世浮沉雨打萍。
> 惶恐滩头说惶恐，零丁洋里叹零丁。
> 人生自古谁无死，留取丹心照汗青。

　　人的命运就是这样可笑，作为个体的我们再优秀，也免不了最终走向坟茔，即便是帝王的长生愿也终究是南柯一梦，于是我们只能按照规定的宿命走向个体生命的总结。然而，对席勒这样的天才来说，还是太过残酷。我们看席勒的文学创造，基本就是在和死神赶速度，而悲惨则更在于，席勒还必须为稻粱谋，鬻字为生，整日为全家的生计操劳。

　　所以，同样是殇寥的结局，但在何年岁殇寥却大不一样。席勒比歌德早走了近 30 年，又是在 46 岁这样的黄金年华。死神带走了多少本该传之于世的精彩华章啊！而歌德却不仅完成了他生命中最关键的两部作品（都花了近乎 60 年的时间），完整地型构了他的"文学世界营拟"，而且形成了其世界文学观念，发展了东西衔接思想。

二、马克思的文学世界尝试：
　　以青年时代与歌德接受为中心

　　德国的知识精英很少没有文学情结的，相比较洪堡几乎每日都要写一首十四行诗的"痴迷"，青年马克思的文学激情也有不逊色的一面。不过，实事求是地说，"这些青年时代的诗作散发着平庸的浪漫主义气息"①。如果以"平庸"对其盖棺论定，或许过于偏激。我们毋庸为伟人讳，对马克思的文学创作实绩不必评价太高，尤其是与那些站在人类艺术创造巅峰的人物如歌德、席勒相比，那确实不在一个层次；但就其文学世界所散发的朝气与思想来说，作为诗人的马克思不但不是平庸的，而且是超凡脱俗的。只是，上天或许确实没有配给马

---

　　①　梅林：《马克思传》，第 20 页。

克思如此灵动的"缪斯之神"，其作品就艺术性而言，确实是有所逊
色的。尽管如此，仍不妨碍我们以后来者的欣赏角度来品读青年诗人
的作品。青年马克思关于歌德的第二首诗很好地表现出他对诗人的
理解：

> 天使从世界精神中诞生，
>
> 他们超尘拔俗魅力无穷，
>
> 尘世的人类虽不高大，
>
> 但也诞生于造物主的火焰之中，
>
> 因此他以炽热情怀把琴弦拨动，
>
> 琴声含有永恒的内容，
>
> 那乐音时而清朗时而沉郁，
>
> 但始终因纯洁之美而气势恢宏。
>
> 别指望他和你们一起悲叹、感动，
>
> 诸神只会怡然自得，其乐融融，
>
> 只顾拓展他们的光明境界，
>
> 而想不到浊浪正向我们汹涌。
>
> 只要迈向他那瑰丽的境界，
>
> 光明就近在咫尺，黑暗就隐遁无踪。①

从这首诗本身的艺术程度来看，不必评价太高，毕竟只是一个
青年人对大师的"礼敬献词"；不过就中流露的思想却值得关注，因
为马克思似乎已经认识到歌德之所以伟大的某些独特之精神与思想，
这是相当难能可贵的。无论是"光明－黑暗"的二元思维，还是对

---

① 马克思：《歌德——十四行诗两首》，载中共中央马克思恩格斯列宁斯大林著作
编译局编译《马克思恩格斯全集》第一卷，第 849 页。

"艺术 – 永恒"关系的精微思考，都显出马克思的艺术感受力之敏锐以及思想力之锋芒。由此，我们也就不难推想马克思对文学的理解，以及他日后的理论生涯中与文学结下的不解之缘。事实上，马克思在日后的理论实践中，仍会不断回到歌德，因为这里似乎已经成为一个取之不尽、用之不竭的知识宝藏。譬如在对拉萨尔的答复中，他就很自然地将歌德的《葛兹》拿来与《济金根》做比较，认为："在后面这个可怜的人物身上（指葛兹，笔者注），以同样的形式表现出了骑士对皇帝和诸侯所作的悲剧性的反抗。因此，歌德选择他做主人公是正确的。"① 马克思尽管认定歌德对此剧的处理不免"冲突简单化"的毛病，但对他的题材选择仍是给予了充分肯定。当然，马克思的文学兴趣绝不仅止于歌德，虽然他对歌德的认知充分表现出他作为一个另类文学史家的高度和大气。梅林对马克思的德国文学认知有这样一番评论：

> 马克思精通上至中世纪的德国文学。在晚近的作家当中，除歌德外，他最欣赏海涅。在他年轻的时候，他似乎不大喜欢席勒。而当时德国的庸人们醉心于他们所不甚理解的席勒的"理想主义"，这种情况在他看来只不过是用夸夸其谈的贫乏来代替平淡无奇的贫乏罢了。自从马克思最后离开德国以后，他对德国文学的兴趣就淡薄了。甚至那些理应受到他重视的德国作家，象赫伯尔和叔本华，他也一次没有提到过。而查理·瓦格纳曲解德国

---

① 德文见 Karl Marx, "Marx an Lassalle," (London, April 19. 1859) in *Der Menschheit Würde - Dokumente zum Schiller-Bild der deutschen Arbeiterklasse* (《人类的尊严——德国工人阶级的席勒图像材料汇编》), Hrsg. Günther Dahlke (Weimar: Arion Verlag, 1959), S.39. 中译文参见马克思：《马克思致斐·拉萨尔》（1859年4月19日），载中共中央马克思恩格斯列宁斯大林著作编译局编译《马克思恩格斯全集》第二十九卷，人民出版社，1972，第573页。

神话叙事诗，却曾受到他的猛烈抨击。[①]

从这样一个德国文学史知识谱系中，我们可以大致判断出马克思的艺术品位。显然，对海涅的亲近不仅有文学上的"价值判断"，而且还有个体交谊的"友情作用"；而对席勒的排斥和低判，也不无思想立场截然两分的基本差别。但马克思对歌德的态度是与众不同的，而且也是特别予以标示的，他对歌德是维护的，所以他写了一组讽刺短诗攻击诗人普斯特库亨（Pustkuchen）[②]，其中一首是这样的："据说歌德实在叫女人们讨厌，/因为他的书不适合给老太婆念。/他只知道描写人的本性，/却不用伦理道德来遮掩。/他本该学一学路德的教义问答，/而后再根据教义写他的诗篇。/歌德有时也能想美妙的东西，/可惜他忘记说：'那本是上帝创造的。'"[③]这就使得一个判断得到印证：总体而言，马克思是在德国文学的精神传统中哺育长大的。我们只要看一看他对德国诗人的熟悉程度就可以知道，他是以一种怎样的知识积累的热情，来面对自己民族的精神仓库的。而正是有这样的知识积累做支撑，马克思才能够创造出日后宏伟的学术宫殿；而即便是对他早期的作品，包括文学创作，我也不倾向于过低评价，而试图在一个结构性形成的知识史视域里来进行逻辑的考察。

一般来说，马克思的早期作品被认为是"一堆贫乏的、晦涩的，

---

① 梅林：《马克思的文学欣赏》，载马克思、恩格斯著《马克思恩格斯论文学与艺术（下）》，人民文学出版社，1982，第334-335页。

② 这个词在德文中由两个词构成，pusten 意为"吹气"、"喘气"；Kuchen 意为"蛋糕"、"糕点"。马克思就将普斯特库亨说成是废话大师。马克思：《关于废话大师的最后一首讽刺短诗》，载中共中央马克思恩格斯列宁斯大林著作编译局编译《马克思恩格斯全集》第一卷，人民出版社，1995年第2版，第742页。

③ 马克思：《献给亲爱的父亲的诗作——八 普斯特库亨（假冒的〈漫游时代〉）2》，载中共中央马克思恩格斯列宁斯大林著作编译局编译《马克思恩格斯全集》第一卷，人民出版社，1995年第2版，第739-740页。

而且往往是包含着一些马克思的最难理解的思想"①，尽管如此，仍有学者对此不以为然，凸显其有创造价值的一面②。这当然是一种矛盾，因为任何东西都是可以一分为二的。这里要特别提及的，不是他那些难解有趣的思想，而是可爱稚气的诗篇。且不说那致燕妮的一首首情诗写得多么动人，就是他的其他诗篇，也自有一种诗意的气息："炽热的创作火焰，/从你的胸口向我蔓延，/它们在我头上汇成一片，/我把它们珍藏在心间。"③任何诗人都不是天生造就的，只要天资不是太差，都可能通过自身的努力成就自己的文学事业，只要能留下一座座文字铸成的碑文，他就可能是文学史所不容忽略的一分子，关键在于诗人是否能守住自己该在的位置。在我看来，马克思最可遗憾的，是他没有坚持青年时代对文学世界的尝试，并发展为一种日后随心所欲的理论建构利器。当然，文学创作从来都是非常艰难的④，即便是对那些天才人物来说也不例外，不是说文字堆砌和文章技巧的困难，而是说坚守这样一种诗性致思方式的不易。因为即便不说中国古人所谓"诗咏言"的标准，但至少应做到"诗以图世"、"诗以守志"、"诗

---

① 英文为："a number of meagre, obscure, and often unfinished texts which contain some of Marx's most elusive ideas." 引自 John Plamenatz, *Karl Marx's Philosophy of Man* (Oxford: Oxford University Press, 1975), p. 33.

② 参阅 David Leopold, *The Young Karl Marx – German philosophy, modern politics, and human flourishing* (Oxford: Oxford University Press, 2007).

③ 马克思：《献给父亲——二 创作》，载中共中央马克思恩格斯列宁斯大林著作编译局编译《马克思恩格斯全集》第一卷，人民出版社，1995 年第 2 版，第 697 页。

④ 值得指出的是，马克思在青年时代不仅给我们留下了诗歌文本（包括抒情诗、叙事诗、讽刺诗等多个种类），而且还有戏剧文本，更不用说一般性的文章体裁，这充分说明马克思的文学实践是多方面的，是有着相当程度的文学创作自觉的。参见马克思：《悲剧〈乌兰内姆〉的几场》（只写完了第一幕），载中共中央马克思恩格斯列宁斯大林著作编译局编译《马克思恩格斯全集》第一卷，人民出版社，1995 年第 2 版，第 744-775 页。他还写过关于歌剧的诗歌，如《歌剧》、《歌剧〈汉斯·海林〉》、《歌剧〈青铜马〉》，载中共中央马克思恩格斯列宁斯大林著作编译局编译《马克思恩格斯全集》第一卷，人民出版社，1995 年第 2 版，第 908-909 页。

以致思"。诗（广义）应当用来作为一种认知社会的手段，这不是说要将文学与社会乃至政治密切地结合，而是说诗天生具有反映社会生活及其相互作用的基本功能，离开了社会生活的文学创作是不可想象的，再孤独和伟大的天才都是如此，如卡夫卡，如顾城，如史铁生，也都不能离开社会背景来理解。所以要强调诗的"图世"功能。为什么说诗要"守志"，而不是言志？言志仅是一个具体的阐述功能，太微小了，不能体现诗的功用。诗是具有庙堂之用的，即便是我们强调它作为文艺品类的独立性，也不能否认和掩盖这点。我觉得这种庙堂功用，不是体现在具体的政治工具层面上，而是体现在具有远大视域的持节守志方面。即便在一个道德普遍沦丧、操守无可言及的时代里，守志也是必要的，而诗是可以体现这一重要功能的。最后的层面，自然不外乎"致思"。我这里特别要强调的，是诗具有致思的重大功能，而这种功用的认知与采纳与否，是直接涉及思想提升的关键所在。在这个方面，德国思想家是有传统的，他们多多少少会在不同层面利用诗的功能，无论是自己亲身创作，还是努力认知。譬如拉萨尔就是一个很好的例子，马克思也一点都不逊色。但我总是在想，如果马克思将青年时代的文学创作坚持下去①，创作文学是会逼着作者跟着变化的，跟着诗心自为的变易过程而自然产生精神侨易的可能。可惜得很，马克思没有给我们留下这种深入探究的文本可能。所以，我们只能借助他的文学世界认知来做进一步的探讨。

---

① 但至少这点是没有疑义的，"如大多数伟大的思想家一样，马克思在一定程度上展现了艺术的创造力"。参见维塞尔：《马克思与浪漫派的反讽——论马克思主义神话诗学的本源》，第 2 页。

三、文学与学术的关联：
马克思的文学世界认知

要知道，"马克思的学说甚至最终通向对古典文学的接受问题的研究"[①]，这其实并非仅是比较文学家一厢情愿的想象，而确实涉及学术与知识谱系的整体建构问题。歌德通过文学的方式，实现了"德思深沉"的另一道风景，也就是在哲学之路以外又开辟出"文学话语"之路。虽然此前如莱辛一代已经使得德国文学进入了摆脱法国影响的独立之道，可若论文学世界的完整建构和成功营拟，且以此为主要手段者，歌德仍为筚路蓝缕的标志性人物。

文学世界的营建与认知，成为一代精英歌德介入思维世界的重要手段。歌德通过自己独特的文学世界的营建，将他对人类精神及其文明走向的深刻思考镌刻进历史之中；而马克思则借助独特的文学世界认知，将自己的学术思想体系既建立在一个学术的谱系之中（虽然是非体制内的，包括哲学、学术等多重谱系），同时又努力追求一种可能的思想攀升。当然，此前经历过的"文学世界尝试"工作，也为后者提供了良好的实践基础，毕竟只有亲身体验过文学创作艰难的人，才可能设身处地理解文学作品的价值，那种"两句三年得，一吟双泪流"（贾岛《题诗后》）的感受不是平常人可以体会到的。所以，我们就能理解马克思在 1854 年对英国小说的这样一段评论：

现代英国的一批杰出的小说家，他们在自己的卓越的、描写

[①] 胡戈·狄泽林克：《比较文学导论》，方维规译，北京师范大学出版社，2009，第 152 页。

生动的书籍中向世界揭示的政治和社会真理，比一切职业政客、政论家和道德家加在一起所揭示的还要多。他们对资产阶级的各个阶层，从"最高尚的"食利者和认为从事任何工作都是庸俗不堪的资本家到小商贩和律师事务所的小职员，都进行了剖析。狄更斯、萨克雷、白朗特女士和加斯克耳夫人把他们描绘成怎样的人呢？把他们描绘成一些骄傲自负、口是心非、横行霸道和粗鲁无知的人；而文明世界却用一针见血的讽刺诗印证了这一判决。这首诗就是："上司跟前，奴性活现；对待下属，暴君一般。"①

这段论述显示了马克思的文学修养，尤其对英国文学世界的熟稔程度。但更重要的是，他从简单的文学欣赏上升到了文学认知层次，也就是借助作家的"细描"与"深思"，打开了通向现实社会的另一扇窗。虽然早在德国的时候，马克思就已经敏锐意识到了文学的意义并且开始了不自觉的尝试，但对于资本主义社会的本质，他还是在英国有了更为深刻的认知。这当然与其时各国的发展语境有关，德国毕竟还是一个未得统一的、分裂的诸邦国，而休谟（David Hume,1711—1776）在论及18世纪的英国文化时亦称："我相信这将是历史的时代、历史的民族。"② 19世纪的英国更处于维多利亚时代的辉煌时期，并由此为源头带动了全球性资本主义大工业的发展。正是在这里的社会生活中，马克思得以亲身体验到冰火两重天：一方面，彼时的伦敦确实很发达，是整个世界的商业和金融中心，其居民生活的较高物质化水平自不待言；另一方面，作为流亡者的马克思及其家庭

---

① 马克思：《英国资产阶级》（1854年8月1日），载马克思、恩格斯著《马克思恩格斯论文学与艺术（上）》，人民文学出版社，1982，第154页。

② 转引自恩斯特·卡西尔：《国家的神话》，范进等译，华夏出版社，1999年第2版，第221页。

不得不"开始了十分贫穷、艰难困苦的生活"①。而更重要的是，英国的作家们，毫不逊色地担负起了这种为时代做书记的历史使命，通过他们的文学之笔，最精彩和形象地记录下了英国社会文明进程中的资本主义一页。我们只要想一想狄更斯（Charles John Huffam Dickens，1812—1870）、萨克雷（William Makepeace Thackeray，1811—1863）、夏洛蒂·勃朗特（Charlotte Brontë，1816—1855）等人的文学作品，他们是何等形象地记录下那个时代的人物的一颦一笑、喜怒哀乐、生离死别，就可以知道，文学记录历史的功能有多么强大。正是通过他们的书写，马克思能够为自己的学理思考构筑一个广阔而坚实的社会基础，虽然是在文学文本的田野之中，但也是能够感受到诗意背后之真的。

按照马克思自己的说法，"唯物主义在它的第一个创始人培根那里，还在朴素的形式下包含着全面发展的萌芽。物质带着诗意的感性光辉对人的全身心发出微笑。但是，用格言形式表述出来的学说本身却反而还充满了神学的不彻底性"②。物质上的东西虽很难有精神的高度，但却反映出基本的感性本质，其中的诗意所蕴藏的丰富含量，可能是远超出其他的。所以，英国文学，尤其是英国小说，对于马克思的文学世界认知、学理发明、思想创发来说有着极为不一般的意

_____

① 埃德加·龙格：《外祖父的家庭生活的几个片断》，载中共中央马克思恩格斯列宁斯大林著作编译局编《回忆马克思》，人民出版社，2005，第233页。可以参照的是这段叙述："这里（指伦敦，笔者注）的确是一块安全的避难之地，但是也有惊涛骇浪。当时在伦敦有数百名流亡者，他们几乎都是十分贫困的。接着又过了好几年十分贫穷、万般艰苦的日子，这种艰苦只有身居异乡又身无分文的异乡客才能深有体会。如果这些人没有信仰和坚强的 Humor [气质]，这样的苦难简直是难以忍受的。"引自爱琳娜·马克思－艾威林：《伦敦的早年生活》，载中共中央马克思恩格斯列宁斯大林著作编译局编《回忆马克思》，人民出版社，2005，第227页。

② 马克思、恩格斯：《神圣家族》，载马克思、恩格斯著《马克思恩格斯论文学与艺术（上）》，人民文学出版社，1982，第392页。

义[①]。在马克思的笔下，文学世界成为其重要的思想资源和战斗武器，他嬉笑怒骂，将文学世界里的各类场景、警句、妙语、慧思如数家珍，使得其学术著作充满了别样的张力。

就"文学世界"之"营拟"而言，无非有两种主要倾向：一种是以描摹现实为原则，接受逻各斯路径的基本思维方式，对客观世界进行"艺术再现"的艰苦构造，成功者如狄更斯的"伦敦叙述"，如巴尔扎克的"法国世界"，近乎"文学社会学"的路径；还有一种则是超越现实层面的哲思路径，努力从地气充沛的现实之中拔出身来，取一种俯视超脱的自由精神而沉浸于思的世界，在这个方面，德国浪漫思脉的作家们可以说是明显的代表。而兼采两者，平稳行进在中间道路的，譬如莎翁、歌德、雨果这样的人物则凤毛麟角。对于这一点，马克思其实也意识到了，或者他更欣赏的，还是莎翁式的贯通内外，譬如他这样说道："金钱是财产的最一般的形式，它与个人的独特性很少有共同点，它甚至还直接与个人的独特性相对立，关于这一点，莎士比亚要比我们那些满口理论的小资产者知道得更清楚。"[②] 在这里，马克思显然用了读心术，他不仅借用了诗人的文学世界提供的社会资源，而且也将对诗人的理解提升到一个崭新的层次，在这里莎翁固然可以被理解作一个绘制社会风俗图的剧作家，但更可以被视作挖

---

① 当然，这里值得提出的问题是，为什么是英国文学，而非其母语文学——德国文学扮演了如此重要的角色。德国文学似乎无法给马克思提供这样的臂助，何以然？这当然与德国文学史本身的发展脉络有关，其特点始终是重视思辨，而对现实主义的描摹兴趣不大，这点我们看看经典作家的作品就可以知道了。虽然冯塔纳（Theodor Fontane，1819—1898）等人已然发展起源自逻各斯路径和启蒙思路的现实主义文学，但其在时间上与马克思终究有隔离。即便是德国文学的经典文本，似乎也不能使马克思产生一种如此亲切的感觉，当然如海涅和工人阶级文学的一些作家例外。总之，想理解这一点必须回到德国文学史的脉络，才可能得到更好的回答。

② 马克思、恩格斯：《德意志意识形态》，载马克思、恩格斯著《马克思恩格斯论文学与艺术（上）》，人民文学出版社，1982，第393页。

掘人性深层心理的哲学家。马克思在论述货币问题时，指出莎翁"绝
妙地描绘了货币的本质"，引用的是《雅典的泰门》（多次）的描述：

> 黄金，闪光的
> 美丽的、宝贵的金属？
> 不，神啊，不，我真心地祈祷……
> 黄金这东西，只要一点儿
> 就可以把一切黑的变成白的，
> 一切丑的变成美的，一切罪过
> 变成正义，一切卑贱变成高贵，
> 把胆小鬼变成豪迈的勇士，
> 把年迈的老人变成活泼的少年！……①

另一方面则引用歌德的诗行来阐述，即《浮士德》中梅菲斯特的
一段话：

> 当我买到了六匹剽悍的马，
> 它们所有的力量——
> 不就都是我的？
> 我驾御着它们四处奔驰，
> 好像是我就有二十四只脚一样！②

马克思这样解释："货币的特性就是我——货币持有者——的特

---

① 英文见 William Shakespeare, *The Complete Works of William Shakespeare*（《莎士
比亚全集》）（New Lanark: Midprint Press, 2001），p.595. 此处中译文引自《马克思、恩
格斯论莎士比亚》，载杭州大学中文系外国文学教研组编《外国文学专题》，内部教材，
1977，第 1 页。另参见莎士比亚：《雅典的泰门》，朱生豪译，载《莎士比亚全集》第
八册，人民文学出版社，1978，第 176 页。

② Werke: Faust. Eine Tragödie. Goethe: Werke, S. 4608 (vgl. Goethe-HA Bd. 3, S. 60)
http://www.digitale-bibliothek.de/band4.htm.

性和本质力量。"也就是说，人的力量是由其持有货币的性质所决定的。"纵然我——就自己的个性讲来——是跛子，可是货币给我弄到了二十四条腿；这就是说，我并不是跛子。"进一步说，"货币是最高的善，这就是说，它的持有者也是善的"①。在马克思眼中，英、德的两位文学巨匠笔下有异曲同工之妙，或以直接抒情，或用间接描述，都淋漓尽致地揭示出货币的特性。如此论证，《资本论》的力量就显然不仅有学术逻辑的严谨缜密，也兼有诗性盎然的栩栩如生，难怪后世学者要说："马克思的科学社会主义的观点本质上是变形的诗歌。"②

在这里，我们凸显了"文学世界"的概念，它当然可以在多层次的区分维度中进行使用，目的不外乎帮助我们更好地理解和运用貌似蹈空玄虚的"文学"之功用。我们将其分解为三个层次：营拟、尝试与认知。营拟其实主要指作家层次，也就是他在何等程度上敢于将文学作为一种绝大的事功来经营，并且通过长期坚持不懈的努力构建出这样一种"文学世界"，如巴尔扎克的《人间喜剧》、左拉的《卢贡·马卡尔家族——第二帝国时代一个家族的自然史和社会史》都是非常典型的例子，当然这是很显性的、非常明确的目标指向。还有就是文学作品之间未必有直接的血缘关系，但客观上型构了一套完整的文学世界，其中既有自己的人物镜像世界，同时更有自己的历史哲学观念，譬如莎士比亚的戏剧世界，譬如席勒的戏剧世界所营构的"史诗气象"，当然还有类似的大师级人物所达致的境界，譬如歌德，譬如雨果，譬如托尔斯泰……。这其中有成功的，如大师世界，也有不成功的，可能确实留下了相当成功的单部作品，但整体上却不能说他建构完成了一个完整的文学世界。譬如福楼拜，他的作品足够精雕细刻，也是一个很有天分和才情的大家，也可以认为他是构建营拟起了

---

① 《马克思、恩格斯论莎士比亚》，第2—3页。

② 维塞尔：《马克思与浪漫派的反讽——论马克思主义神话诗学的本源》，第1页。

一种"文学世界"的，但它是否能够支撑起如马克思这样的学者的琢磨、诘问和化用，则需要打一个问号。还有一种是明显不成功的文学世界尝试，但作家（或作者）有着强烈的作诗意识，譬如马克思就是一个很好的例子。还可举出的譬如洪堡，他作为一个行政官与学者，竟然那么迷恋于十四行诗的创作，这就是一种诗性的生活需求。当然这并不妨碍他们的日常工作和事业。因为诗本来就有交往的功能，而并非仅仅是一种文学形式而已，所谓"诗不仅仅是根据音韵、节奏、节拍组成的词语。诗可能暗含了人性中一些更加根本、更加根深蒂固的东西"①，诚哉斯语！但资本时代日益将文学逼迫成为一种市场的产品，可毕竟"马克思不是思考的机器，他全然是一个人"②，即便是强大的资本也没有这样的力量。或者这样一种表述更加能深入底里地进入哲学思维的世界：

> 创造价值的过程同时也是价值客观化的过程，人通过感知意义，并进而获得意义，由此价值在人自身周围环境——物质环境或者社会环境——中得以体现。如果事实的确如此，那么，人类文化本身（文化可能是人类最具野心的价值创造）就是一个客观化价值的系统。个人感觉到自己与文化、宇宙有意义地融为一体，那么可以说，他能够把客观世界"阅读"为意义系统的"语言"。因此，广义上说，现实成为了一首诗，客观世界则成为一个使个体存在合法化的象征性宇宙。客观性可理解为表征人类存在的有效性，它无疑就是诗歌。……因此，在最深层的意义上说，诗意关注更多的不是语言，而是意义。③

---

① 维塞尔：《马克思与浪漫派的反讽——论马克思主义神话诗学的本源》，第 2 页。
② 同上书，第 1 页。
③ 同上书，第 2-3 页。

　　这段话极为精辟地揭示了诗（文学）的价值，超越了简单的语言、艺术等表层，直击根本，这就是哲学有时用尽千言万语、曲里拐弯、体系话语而无法言说的"意义"！马克思当然是能在根本上理解这一点的。我们看到，意识到自己不是一个天才诗人，马克思不得不退后一步，以学运思。但这并不妨碍文学世界的那三个标准的确立，即"诗以图世"、"诗以守志"、"诗以致思"。马克思虽然不是创造者，但他是认知者，借助诗性力量的宏大，他也努力走向了这三个标的。

　　这种文学世界的认知意识与其学者本位的确立是密不可分的，早年马克思或许还可以更多地按照政治家的角色设定，但越到后期，他越倾向于学者的立场，当然是体制外学者的立场。这种因经济基础自由的获得而能不受限制地探索知识与信仰的世界的精神自由，是值得特别关注的。这也是马克思之所以能够获得如此巨大的理论成就的原因所在，而这当然不得不在一定程度上归功于资本主义制度①。马克思给后世学者开辟了一种体制外学者的模式，但维持这类学者的物质生存基础则缺乏制度性保障。马克思不仅本色如此，表象亦然，按照拉法格（Paul Lafargue, 1842—1911）的初次见面印象，"在我面前出现的并不是一位坚决的、超群的社会主义鼓动家，而是一个学者"②。马克思的本色，正是学者，虽然不是学院体制内的那种教授，但却是不折不扣的以书斋生涯为坚守的本色学人。当然，马克思还有金刚怒目的一面，他是要参与政治实践的，这种从青年时代就养成的习惯不会因其学者生涯的逐渐成熟而被完全放弃，这一点我们在下

---

　　① 虽然有论者指出资本主义制度的各种制度设计，包括有宪法保证的财产和民权等权利赋予有一个限度，即"得保证资产阶级的社会秩序，排除资产阶级被推翻的危险"。引自艾瑞克·霍布斯鲍姆：《导言》，载艾瑞克·霍布斯鲍姆著《资本的年代：1848—1875》，张晓华等译，江苏人民出版社，1999，第 2 页。
　　② 保尔·拉法格：《忆马克思》，载中共中央马克思恩格斯列宁斯大林著作编译局编《回忆马克思》，人民出版社，2005，第 188 页。

一章详述之。

　　总之，马克思的文学世界尝试多少有些浅尝辄止的味道，让人颇感遗憾，但其文学世界认知则丰富而博大，尤其是他能在文学世界与学术建构之间建立起有效而密切的关联，是非常重要的文化现象。当然，我们这里仅仅是按照常规的逻辑来讨论发生在马克思与文学世界之间的关系，但若要深究之，其实逆向思维似乎也值得注意。有这样一种判断，即认为马克思青年时代的诗歌"是关于人的现实本质有意义的叙述"，如果属于这种情况，则"诗歌应该是理解马克思思想演进的关键"，如此推论下去，就出现了"马克思的浪漫派形象有意义地促成了他一生中寻求解决的根本问题的形成"，而核心论点则为："对马克思而言，无产阶级本质上是一种诗力（poetic force）。"如此，则"理解马克思的诗是理解马克思哲学的关键"[①]。这样一种推论当然可能过于强化乃至极端化诗（文学）的力量，但其提供的视角确实也非常独特。就此而言，马克思与文学的关系仅仅开了一个头，其诗性（文学）资源与理论构建的复杂关系犹待深入探讨之。

---

　　① 维塞尔：《马克思与浪漫派的反讽——论马克思主义神话诗学的本源》，第6页。

第五章　政治场域：
魏玛为官与伦敦流亡体现的尘世之缘与伟人之心 [①]

一、18 世纪至 19 世纪的德国政治与文化生态

　　歌德这样一个世界伟人，其安身立命之处竟然是一个行政官。这是一个不容回避的事实，值得正视。早年在莱比锡与斯特拉斯堡求学，歌德竟然是以法律为专业，这当然是因了家庭（主要是父亲）的原因而做出的选择。日后他虽从业为律师，但终究没有以此为途。很难说创作就是歌德正当的职业，其在当时世俗眼光中正经的"光宗耀祖"，说不定竟还是"入仕为官"。

　　1775 年（11 月 7 日抵达），歌德应魏玛公爵的邀请，从法兰克福迁居魏玛，开始了他的官宦生涯，这同时也是他的正式职业的开端。

---

　　① 本章关于歌德、马克思的生平材料主要根据：Peter Boerner, *Johann Wolfgang von Goethe 1832/1982- Ein biographischer Essay*（Bonn: Inter Nationes, 1983）. 弗·梅林：《马克思传》，樊集译，人民出版社，1973。兼采其他传记。

从 1776 年到 1786 年（意大利之旅），歌德在魏玛任职十年，他最初出任之职务为枢密顾问官（Geheimer Legationsrat）；1779 年，出任军事长官（Kriegskommissar）；1782 年，担任税务署领导人（Leitung der Kammer）[①]。我们可以看到，歌德的官职不断上升，行政职责范围也越来越广，这里还没有提及诸如矿业筹划、水利防洪等事务的筹办。应该说，在这样一个位置上，歌德对德国的政治、社会状态有非常深刻的体验和理解，为他认识世界、提升思想，提供了极为重要的物质生活和亲身体验基础。很难想象，没有对于政治、社会生活的亲身体验，歌德的作品会有如许蒸腾如生的生命气息。

魏玛公国的政治生态，其实最好不过地反映出其时德意志的状况。德国实在不成其为一个"国家"，因为根据实际的状况，这个国家最多也就是一个邦国林立、四分五裂的联合体罢了。而具体到这个小公国，就更是可怜，统治者的名字是萨克森 – 魏玛 – 埃森纳赫公爵（Herzog von Sachsen-Weimar-Eisenach），它乃是一个范围极其之小，却也五脏六腑齐全的州县之国。这样的国家与其说是一个国家，更不如说是一个扩展了的"大家庭"，国君就如同大家长，所以公爵的个人好恶能够决定高官任免，也才能有歌德的平步青云，一下子贵为公卿。

我们应注意到，在 18 世纪的德国，基督教教士"仍是一个享有特权的阶层"，这既包括天主教教士，也指新教教士。"在由邦君和公爵兼任天主教主教的邦，教士们都是贵族，而且很多人是帝国骑士。……出身于资产阶级或农民家庭的子弟，如果受到正规的宗教学培训，可以担任小教区的主教和修道院院长，甚至在某些大教堂供职。例如在科隆大教堂，1/3 的教士席位留给获得过宗教学博士学位

---

① Peter Boerner, *Johann Wolfgang von Goethe 1832/1982- Ein biographischer Essay*, S.70–71.

的平民。至于级别较低的教士，大多数来自资产阶级和手工业者家庭。"① 看来政教合一的态势很严重，其中最根本的等级划分标准就是出身。但同时也出现了变化的可能，就是另外一种标准——学位高低会改变人的社会地位之尊卑，平民子弟可以通过获取学位来改变自己的教士层级。而"新教地区的教士，基本上来自资产阶级。由于他们都是来自子女众多家庭的已婚男子，故而可以为教众树立牢固家庭生活的榜样。这对中产阶级道德观念的形成，具有非常重要的意义。新教的教士承认邦君为'大主教'，在讲道坛上宣读邦君的敕令，在布道时要求信众服从当局，对各邦国可发挥重要作用。与之不同，天主教的教士则富有怀疑精神。可以想见，二者在政治上所起的影响必然大相径庭"②。这样一种新教－天主教教士特征的比较，具有非常重要的意义，我们可以清楚地看到，虽然同属基督教，但由于其与政治关联不一，各自的传统不同，在社会生活中发挥的作用也很有差别。宗教与政治的关系越来越直接，并且由此而影响到"百姓日用而不知"的风俗层面，对社会的道德观有重要影响力。宗教内部的官僚阶层制度使得宗教日益失去其崇高信仰特征，而更趋向于世俗化。

如果说 18 世纪德国分裂的邦国政治，为歌德创造了可以施展才华的政治空间；那么到了 19 世纪，普鲁士强权赫赫的独尊势态，则使得马克思很难有可能进入体制内部。再加上两者不同的世家与文化背景，更扩大了其人生路途的分化。歌德毕竟是清贵世家，完全符合德意志的血统标准和世代传承规则；而马克思，则因其闪系背景，尤其是犹太人的身份，而很难进入主流社会秩序。这就使得后者只能采取极端另类的方式，来为自己求得生存权、发展权和不朽权。故此，

---

① 马丁·基钦：《剑桥插图德国史》，赵辉、徐芳译，世界知识出版社，2005，第126–127 页。

② 同上。

我们应当注意到，在歌德时代，虽然政治混乱、经济落后，但知识精英反而有更多的实际生存和发展空间；可是在俾斯麦时代（马克思和俾斯麦几乎是同龄人），由于政治趋向一统的大背景，知识精英的生存空间反而日趋狭小，马克思就是一个很好的例子。

实际上，我们发现马克思有一个非常强的转换问题的能力。在他之前，多半以种族、文化论升降；在他之后，则多半以贫富、阶级谈发展。这样一个极为重大的历史分野标准竟是如何完成的？希特勒对马克思的臆测当然是过于主观[①]，但这个思路也未尝不可聊备一说。设非如此，我们也很难想到，穷人反对富人的斗争历代不绝，但真正将其上升到理论层面，并将其在世界范围内展开，对现代人类产生极为深远的影响，舍马克思之外，真是前无古人[②]。

从狭义的政治意义上来说，马克思未曾从政，因为他从来就不是既存政府体制能够接受和容纳的对象，更不用说进入这个体制了；但从广义政治来看，他显然是在体制之外最为重要的政治实践者。或者用一个有趣的词，他是"非职业政治"的大家。虽然可以将其流亡生涯都视作为一种政治时期，但我还是愿意做出具体的限定，将其积极参加的第一工人国际建设的时代作为特殊的政治场域观察期；就如同歌德在魏玛的时代很长，也从未曾真正完全或彻底地脱离过政治场域，但我们考察其为政的时间也主要是最初的魏玛十年。对马克思从政的这些年，则必须在欧洲整体历史语境中来把握其位置和意义。19世纪中后期的这段时间，乃是资本主义迅速发展而成为一种全球性的霸权势力的时代，要知道，德意志第二帝国的一个基本现实就是："德

---

① 参见 Adolf Hitler, *Mein Kampf*（Muenchen: Zentralverlag der N.S.D.A.P., 1936），S.69–70.

② 有论者认为马克思的共产主义的概念汉译有问题，即 Communism 不应译为共产主义，而为和谐主义。参见郎咸平、杨瑞辉:《资本主义精神和社会主义改革》，东方出版社，2012，第 37–40 页。

意志自由派的绝大多数人，从制造工业巨头到小商人和知识分子，都与普鲁士容克和军国主义者结成了联盟。他们不必象英、法资产阶级那样为经济权利而斗争。工业和经济发展受到新的德意志国家扶助；君权统辖的军队提供了军事安全。作为对这种安全和经济发展机会的回报，德国自由派资产阶级放弃了争取议会制立宪政府的斗争，直到君权和军队再也不能提供这种安全和经济发展机会时为止。"① 这就是马克思生活和斗争的年代在他的母国——德意志所发生的实际状况。由启蒙理性的逻各斯发展而来的逻辑本应是自由主义的独大，但实际上产生的是一种合流状态，即自由主义者和容克、军国主义者妥协，所以，德国资产阶级的发展是非常特殊的路径，也是不完整的。而俾斯麦的文化斗争，说到底是普鲁士王权反对南方势力，实现德国彻底统一的斗争；其实质则为新教对天主教的斗争，是资产阶级对混合型的贵族、骑士 - 资产阶级、手工业者等混合身份的斗争。其结果是资产阶级并没有占得绝对上风，甚至是落败了，这正是第二帝国的特殊性所在。

从歌德到马克思，都毫无例外地与政治结缘，而且渊源深厚，远非三言两语可以道清。由此我们也可见出，对于任何一个伟大的人物，不管他是立定于文艺世界的逍遥自在，还是直面惨淡的悲鸣现实，都无法摆脱政治如影随形的直接关系。政治之重要，不言而喻也。那么，我们就必须进入事物的深层内部，来细加考察政治的具体运作是如何进行的。实事求是地说，将未来的精英人物悉数纳入现有的秩序之中，不但是一种大度气象，更是一种规避社会整体风险的良方。因为诚如公叔痤推荐商鞅时的考虑，楚才晋用不仅是对晋的贡献，更是对楚的极大损害。

---

① 科佩尔·S.平森：《德国近现代史——它的历史和文化》，范德一、林瑞斌、何田译，商务印书馆，1987，第 218 页。

　　当然，我们要问的是，像歌德这样的人物，为何就能受到邦国林立的德国诸侯国的国君欢迎，并被奉为上宾乃至高官呢？但如马克思这样的人物，为何就为德国的官僚制度、统治秩序所峻然拒之门外呢？从歌德到马克思，德国所走过的，是一条由分裂邦国到集权统一的强国之路。马克思在有生之年看到了俾斯麦统一德意志的皇皇伟业，但却并不以此为荣。他一生颠沛流离，保持着流亡者的坚守和尊严，始终在一个更高的文化层次上思考问题，并且提出实践的理论答案和理想主义的远景。或许，马克思开辟的，是一种真正意义上的"全球政治"的可能。

二、歌德的文人之路与官宦生涯

　　有时候，想想很奇怪，歌德这样一个精神伟人，怎么竟忍受得了魏玛首相那无穷无尽的俗务。或许，还是恩格斯那个著名的评价一语中的：

> 歌德有时非常伟大，有时极为渺小；有时是叛逆的、爱嘲笑的、鄙视世界的天才，有时则是谨小慎微、事事知足、胸襟狭隘的庸人。连歌德也无法战胜德国的鄙俗气；相反，倒是鄙俗气战胜了他；鄙俗气对最伟大的德国人所取得的这个胜利，充分地说明了"从内部"战胜鄙俗气是根本不可能的。[1]

这样一种评判曾经长期占据了主导地位，连冯至这样的歌德专

---

　　[1]　转引自冯至：《"论歌德"的回顾、说明与补充》，载《冯至学术论著自选集》，北京师范学院出版社，1992，第381-388页。

家都认为这一论断对其帮助极大。可问题在于，思想者自身之别出心裁，往往提出观念迥异，可印之于事实，则未必就能符合若节。任何一种论述，都必须纳入其历史语境中去分析，才易得其正解，奢想一种放之四海而皆准的真理，既不现实，又会作茧自缚。其实，叛逆天才与鄙俗庸人，并非两种永无交集的类型。有时两者之间的差距，也就是五十步与百步的关系而已。即便是我们所熟知的那个歌德、贝多芬面对公侯的故事，其实也是如此。贝多芬在那种环境里仿佛是叛逆天才，但察其实际则未必。因为天才与否，显然不是通过是否对王公贵族表示轻蔑来标识的。那样一种判断标准，并不是一个客观的让人信服的尺度。人就是人，人必须是在一个常态的社会场域中运动的分子，伟人巨子概莫能外。

　　文人与政治发生关系，是那个时代相当普遍的现象。从表象上来看，很多文人学者往往因致力于精神工作，而在物质生活上穷困潦倒。往往不得不借助于恩主的施舍、接济或其他帮助来谋求生存。在德国，莱辛是第一个尝试以自己的稿酬收入来维持生活的文人，但这一过程充满了艰辛坎坷，也不可能绝对地避免接受帮助。从本质上来看，歌德出任魏玛首相，其实也不外乎这样的宏观背景。在现实生活中没有实际权力的文人，没有自己独立的经济基础，很难做到严格意义上的精神独立。这就必然导致文人精神的痛苦与人格的分裂，正如歌德借浮士德之口说出的那段话："啊！两个灵魂居于我的胸膛，/它们希望彼此分割，摆脱对方。"① 其实，这种抽象的表达并非空穴来风，往往来源于诗人自身的亲历体验。我们也不妨借助歌德的一天来看看他为官时的日常生存状态。他自己是这样记述的：

---

　　① 德文见 Werke: Faust. Eine Tragödie. Goethe: Werke, S. 4578 (vgl. Goethe-HA Bd. 3, S. 41) http://www.digitale-bibliothek.de/band4.htm. 此处为作者自译。中译本参见歌德：《歌德文集：第 1 卷：浮士德》，第 34 页。

夜里在阿波尔达发生了一场大火，我一得到消息就赶到了那里，整日里都备受煎熬和熏烤。公爵出外，去了本德尔雷本和埃尔福特。这场大火把我的计划、思想、日程也部分地给一并烧掉了。生命就是这样走向终点，而后来者则继续循环生活下去。我要感谢上帝的只是，在水深火热中我依然幸存，但我仍然静待严峻的考验，也许就在四周之内。我关于防火条例的想法再次得到批准。尤其是关于此地的，这里的人们喜欢玩儿，尤其是玩牌，大灾之后依然如此。公爵终究会相信。在烟熏火燎中，眼睛被灼得干痛，脚掌也像烧着了一样疼。

痛苦如同壁炉之火，逐渐变得毫无诗意。可即便髋骨脱白，我也不会放弃自己的想法，同那无名天使斗争。没有人知道我做了些什么，究竟和多少敌人抗争以获得丁点之进步。我请求你们，旁观的神祇，不要嘲笑我的追求、抗争和努力。不管怎样，你们都可以微笑示意，对我表示支持。①

从这段叙述来看，歌德的为官之途并不轻松，这种事务性工作的危险性和挑战性都是很大的，更不用说那种艰苦。我们可以看到歌德作为一个事务官，表现出基本的德国人特征，这就是责任感和尽职；而且也可以看到他作为一个理想的知识人官员与现存制度抗争的艰难。所以，官宦生涯，既是一种人生的过程，也是一种人生的挑战，更是一种人生的阅历。过程中可能充满机遇，挑战意味着接受考验，阅历其实属于生命财富。德国的官宦生涯，其实值得关注。歌德的为官历程，更是包孕着一代伟人思想转变的契机与形成之可能。

---

① 歌德 1779 年 7 月 25 日日记 [Goethe: 1779. Goethe: Briefe, Tagebücher, Gespräche, S. 23555–23556 (vgl. Goethe-WA, III.Abt., Bd. 1, S. 90–91)]，作者自译，参考 Peter Boerner, *Johann Wolfgang von Goethe 1832/1982- Ein biographischer Essay*, S.79. 中译本参见彼德·贝尔纳：《歌德》，李鹏程译，中国社会科学出版社，1992，第81–82页。

意大利之旅，既标志着尘世之缘的去绝，也意味着诗人之心的充溢。不是说此后歌德不再有尘世之缘，之前也不曾有诗人之心。而是在他的这两段生命历程中，占据主导位置的东西不一样。对这一点，恩格斯多了阶级立场鲜明的批判意识，少了知人论世通达的温情理解，未免对歌德略过苛求，而不够体贴。歌德不可能如马克思主义者理想中的阶级战士那样与统治阶级立场鲜明、白刃出鞘，甚至也不可能像贝多芬那样个性张扬、笑傲王侯。歌德就是歌德，他必须按照自己的价值观与精神气行事，而不可能考虑后世人等如何评说。对于歌德来说，艺术创造的生命力之保驻，可能比任何其他的东西都重要得多。意大利之旅的成功就在于此，他成功地借助于外缘的一场旅行之乐而决断了自己的尘俗之缘。或许还是在给友人的信里更多地表达出他的那种心态，1780 年，大概是魏玛最初十年将近一半光阴的时候，刚过而立之年的歌德有过这样的感慨："我承担的日常工作，一天天变得既更轻又更重，它要求我无论是清醒时还是睡梦中都得全神贯注。对我来说，这项责任每天都变得更珍贵，我希望能像最伟大的人物那样去行事，决不降低层次。"[①] 显然，歌德在这些繁复的日常行政工作中收获不少，他甚至将其生命理想与此结合起来，希望能把握住这种责任（Pflicht）。对于这个日后成为 1914 年理念核心概念之一的"责任"，我们需要关注其意义。

歌德甚至坦然承认这是一种"欲望"："我之此在的金字塔，它的基石已经为我所确立和建造，我要让它尽可能地高耸入云，超越一切，不可片刻或忘。我不能再做迟误，人生路上已蹉跎岁月，命运或许中道将折，巴别塔半途而废。至少可以让世人流传，蓝图已经绘

歌德约 1780 年 9 月 20 日致拉瓦特函 [Goethe: 1780. Goethe: Briefe, Tagebücher, Gespräche, S. 1806–1807 (vgl. Goethe-WA-IV, Bd. 4, S. 299)]，作者自译。

就，只要一息尚存，上帝必赐神力成就之。"① 从这里，我们可以明确地看到歌德是有野心的，他似乎并不认为自己所达到的政治地位是一种真正值得骄傲的成绩，只是认为自己有了一片基地而已，他要勇敢攀登，建造起属于自己的金字塔。歌德显然也是有政治观的，他有自己对于政治的看法，甚至最初选择魏玛为相，更是有着宏图大志的。但现实显然将他的凌云之志扫荡一空，所以，歌德选择了退避，他辞去了魏玛的首相位置，试图在精神世界里为自己寻得安身立命与永垂不朽的可能。

三、战士之途与艰难时世：
马克思的流浪宿命与政治的另类表现方式

歌德可敬，而席勒可爱；席勒固然可敬，歌德却并不可爱。席勒以自身冲撞的强力意志，完成了一个人的生命史；歌德则以其严谨中和的节制，走向了一个大师可以达致的晚年境界。这两种生命方式，各有千秋，就我个人，更激赏席勒的激越豪情；但从理性的思维去反省，无疑歌德的路径选择更符合现实，也可以做出更多的贡献。这正如在现代中国，虽然鲁迅的战士角色更让人热血沸腾，而胡适的持续耐久，则无疑为文化场域提供了一种持久性的力量，其影响也更广泛和深远 。至于，两者的伯仲之论，其实难有轩轾高下之分。遗憾的是，在中国的新文化史上，鲁迅与胡适并没有进入合作的时期，让我

---

① 歌德约 1780 年 9 月 20 日致拉瓦特函 [Goethe: 1780. Goethe: Briefe, Tagebücher, Gespräche, S. 1807 (vgl. Goethe-WA-IV, Bd. 4, S. 299)]，作者自译，参考 Peter Boerner, *Johann Wolfgang von Goethe 1832/1982- Ein biographischer Essay*, S.81.

们难以见到如同歌德、席勒握手并肩的辉煌岁月；另一有更大可能的是兄弟合作，鲁迅与周作人的分野合离，其实也具有相当程度的标志意义。然而，歌德与席勒的合作，却是德国文学史与文化史上的璀璨星光；贝多芬不欣赏歌德，但他一定非常认同席勒，看他为《欢乐颂》谱曲的那份投入就可以证明。而这样一种伟大的友谊，在另外一对朋友身上也以一种极端的方式得到体现，这就是马克思和恩格斯，他们不仅在学术和思想的领域完成了一种阔大事业，而且在政治实践层面也走出了一条独特之路！

很遗憾，马克思基本上没有可能在当时既有的政治秩序中实践他的政治才华，所以他可以被认为是在"非体制世界"中对政治运筹帷幄。他既是一个理论家和孜孜不倦的求学者，同时也在非体制世界中构建了绝大政治的空间，真是一个了不起的大人物！按照伯林的说法，"在 19 世纪，没有一个思想家像马克思那样具有那种直接的、深思熟虑而又强有力的对于人类的影响"①。或者，这也正印证出马克思作为政治思想家（当然也可以将他认为是政治家、思想家）的巨大创造力与破坏力。事物总是一分为二的，当善以一种极端方式凸显时，恶果或许已经种下。就如同马克思自己所说的那样："哲学家们只是用不同的方式解释世界，问题在于改变世界。"②

而我在这里想凸显的，是马克思在第一国际创建中的重要作用。如果说早期的马克思，不得不在疲于奔命中淬炼自己的战士之勇毅；那么，定居伦敦之后的马克思则不同，在这里他可以基本上安顿下家庭的物质生活，也是相对安全的。这时的马克思，不必用一种焦虑的

---

① 英文为："No thinker in the nineteenth century has had so direct, deliberate and powerful an influence upon mankind as Karl Marx." 引自 Isaiah Berlin, *Karl Marx* (Oxford: Oxford University Press, 1939), p.9.

② 马克思：《关于费尔巴哈的提纲》，载中共中央马克思恩格斯列宁斯大林著作编译局编译《马克思恩格斯选集》第一卷，第 136 页。

求生的心态去面对政治活动，而是能够展开自己事业奠基的创造性工作。事实也是，"1852 年共产主义者同盟解散之后，马克思曾谨慎地避免任何党派的政治性委任"①，其实质则为马克思希望淡出这种政治场域，可到了 1860 年代，整个欧洲的形势在变化，马克思也不能不顺势而变。

1864 年，在伦敦的圣马丁大厅（St. Martin's Hall），国际工人协会（Die Internationale Arbeiterassoziation, IAA）宣告成立，这就是所谓的"第一国际"②。这个协会的成立主要由马志尼（Giuseppe Mazzini，1805—1872）、埃卡留斯（Johann Georg Eccarius，1818—1889）、奥哲尔（George Odger，1820—1877）等人组织，马克思最初不过是应邀参加而已；但由于他出色的才华和广泛的影响力，他很快成为其中的核心人物。其标志是由马克思提出协会纲领，即后来被作为《国际工人协会成立宣言》发表的文章。可这毕竟也是一个实实在在的利益场域，必须有所介入、有所获得。所以，"尽管马克思由于采取中间立场并得到英国工会运动者的支持而处于有利地位，他还是不得不表现出调解人的耐心来保持他在国际中的影响和维系这个组织的团结"，可问题在于"马克思不是一个外交家，这种同时要和很多人周旋的局面，终于使他智穷力竭了"③。任何一个人，包括伟人，都不可能是三头六臂，他不可能十项全能、四处出击。对于一个学者来说就更是如此。马克思的本色还是一个学者，虽然是非体制的，但他是一个知识人，有着书生的意气和童真。

1866 年，国际工人协会第一次代表大会在日内瓦（Genf）举行，布朗基主义（Blanquismus）者分裂出去；1867 年，第二次代表大会

---

① 麦克莱伦：《卡尔·马克思传（第 3 版）》，第 339 页。
② 关于第一国际的叙述，参见卡尔·兰道尔：《欧洲社会主义思想与运动史》上卷，群立译，商务印书馆，1994，第 149-164 页。
③ 同上书，第 155 页。

在洛桑（Lausanne）举行，蒲鲁东主义占到上风；1868 年，第三次代表大会在布鲁塞尔（Brüssel）举行，巴枯宁集团进入国际；1869 年，第四次代表大会在巴塞尔举行，巩固了对蒲鲁东主义的胜利。对于马克思的这段政治经验，有论者做了很精练的叙述：

> 马克思在国际工人协会中做了大量的工作，其中很多显然是违背自己的意愿的。例如，1865 年 3 月，他对恩格斯解释他上个星期是怎么过的：2 月 28 日是又一个总委员会会议，一直开到深夜，接下来还要在一间酒店开另一个会议，在那里他必须签 200 多张会员卡。第二天他参加了一个公众会议，纪念波兰起义。3 月 4 日和 6 日是几小时的小委员会会议，7 日总委员会会议又开至深夜。几个月后，马克思佯称旅行以抓紧写作《资本论》；到年底他还抱怨"协会以及有关的一切事情像梦魇一样萦绕着我"。[1]

如此我们可以想见，作为理论家的马克思和作为政治家的马克思之间有着一道何等巨大的鸿沟难以协调，然而事实恰恰是要马克思一人而二任，两手抓，两手都要硬。这就自然让我们联想起席勒那段著名的话："常常是我在进行哲思的时候，诗人就迫不及待地跳将出来；或而当我创作的时候，哲人的精神又占据上风。就是现在，我也常遭遇这种困惑，想象力会干扰我的抽象思维，而冷静的认知又将创造之思打断。"[2] 在歌德，也同样有这个问题，所谓"一体二魂"是也。有论者将这种二元关系进一步推到了资本主义制度本身，即所谓"资本主义生产方式，出于它自身内部的矛盾，在创造现代国家的同时又在

---

① 麦克莱伦：《卡尔·马克思传（第 3 版）》，第 344 页。

② 席勒 1794 年 8 月 31 日致歌德函，参见 Siegfried Seidel（hrsg.），*Der Briefwechsel zwischen Schiller und Goethe*（《席勒歌德通信集》）Erster Band（München：C.H.Beck, 1984），S.18.

破坏着它。这种生产方式把民族矛盾推到极限，同时按照自己的模样改造着一切民族。在资本主义生产方式的基础上，民族矛盾是不能解决的，而要建立资产阶级革命所大肆宣扬和吹嘘的那种民族和睦的一切尝试，都在碰到这个矛盾时——破产了。大工业虽然侈谈民族间的自由与和平，但正是它把全世界变成了以往任何一个历史时代都不曾有过的大兵营"[1]。这个判断非常重要，也就是说，在梅林看来，资本主义制度与民族国家实质上具有不可调和之根本性矛盾。这个思路确实有其道理，因为资本主义制度最终要求的是世界市场，而世界市场的最终诉求必然是在制度上导致世界政府，否则两者不可能形成合力，资本的逻辑肯定是有问题的。但问题在于，如何破解这样的资本逻辑？马克思提供了一种理想，但就方案的具体性来说显然很不具体，需要后来者不断探索和实验。但其基本方向和判断应该是不错的。

1872 年，马克思致函库格曼（Ludwig Kugelmann，1828—1902）时说："在国际代表大会上（9 月 2 日在海牙召开），将涉及到国际的生死存亡问题，而在我退出之前，我至少要防止那些分裂分子破坏它。"[2] 从这里可以明显看出，马克思准备淡出这种非体制内政治场域，但他仍然对这一组织抱有责任和感情，似乎下定决心要站好最后一班岗。第一国际，就其整体运作来说，确实并不成功。所谓"无产阶级解放斗争的过渡形式"[3]，倒也切中它的实质。说到底，它不是一个成功的虚拟性"世界政府"，而仅仅是一种过渡。马克思将巨大的精力投入到这种组织性活动中，必然与其理论创造形成矛盾，他必须有所选择。在任何一种政治场域中，在任何艰难的环境中，我们都要

---

[1]　梅林：《马克思传》，第 401 页。

[2]　马克思 1872 年 7 月 29 日致库格曼信，载马克思：《致库格曼书信集》，天蓝译，人民出版社，1957，第 128 页。

[3]　同[1]。

有足够的自立的力量，关键在于，我们是否能够看到那表面平淡的社会生活中所孕育的"无言之美"。魏玛为官是一种"美"，是诗人的坚守之美，当然你也可从中读出庸俗，但那就是在那个时代中必然要选择的放弃和坚守。当我们看到歌德不得不在官场中痛苦挣扎的时候，是否可以多一点"同情之理解"，知道这是诗人在现世生存中不得不有所付出的"实践之难"？伦敦流亡也是一种"美"，是思者敢于冲破藩篱，走向自由境界的美，当然你也可从中读出不够伟大的一面，伟大的马克思为什么不像他倡导的那样，回到德国去发动工人阶级，进行阶级斗争，组织武装夺取政权呢？没有魏玛的隐遁，如何能有歌德文学世界的形成？没有伦敦的市隐，又如何能有马克思理论宫殿的巍巍大厦？

任何一种想法走向极端，就难免缘木求鱼。对待歌德，对待马克思，我们都不能人为地将其"贡往圣坛"。马克思所创造的理论，既是一个学者在书斋中孜孜穷年的收获，也是给后来人开辟新世界的蓝图绘制。但我所看重的，还是让他回到大学者的身份，就是以自己个体的脑力劳作，为人类文明的发展提供一份可能的答卷。

德国政治的不成熟性恰恰表现在其分工未明上，让歌德这样的人物做首相，当然是一种巨大的浪费和本末倒置；让马克思这样的人流亡海外，在非体制世界里寻找一份伟大的事功，那更是德国政治的巨大损失。虽然，"在马克思看来，政治是一门学问。他对那些酒吧间的政治家和那种政治深恶痛绝"[①]。确实如此，马克思并不是那种刻意谋权力、谋势力的政客，他不是俾斯麦，他比获得世俗成功的俾斯麦要纯粹得多，他是一个更加具有理想情怀的大学者，他虽然有着十分强烈的人间情怀和现实冲动，但他的本色仍是一个大写的学人！或

---

① 李卜克内西：《纪念卡尔·马克思——生平与回忆》，载中共中央马克思恩格斯列宁斯大林著作编译局编《回忆马克思》，第62页。

许我们可以说："可敬者近，可爱者亲。"对于歌德、马克思的不同人生选择，我们有着截然不同的观感。相比较歌德始终在平静中孕育自己的伟大，在天使和凡人之间做出调和的选择；马克思无疑更像一个战士的形象，他始终以一种不屈的姿态面对世俗的腥风血雨，并且以一种顽强的治学精神确立自己在人类文明殿堂中的不朽地位，这也可以说是以一种高傲和高尚的方式为其所遭到的一切制度性不公而复仇。可是，暴风雨过后又如何呢？对于人类来说，我们需要的究竟是"暴风雨前的宁静"，还是"病树前头万木春"？政治是一种必要的手段，不可能完全放弃，但我们必须承认的也是，任何一个伟大的个案，都不可能摆脱现实的社会规制束缚而横空出世，必须接受现有的社会规范约束。同时，作为伟人，他们之与众不同就在于能超出规制之限，能够巧妙地戴着锁链跳舞，合于法度而又超出法度，别出手眼，成就一代伟人的大手笔。歌德和马克思，都是这样的典范！

第六章　世界理想：
世界文学、世界市场与世界公民

一、歌德：
世界诗人与世界文学

　　作为德国文化精神的标志性人物，歌德的意义不言而喻。作为伟大的诗人、小说家、戏剧家、思想家和科学家，歌德头顶上拥有了太多的光环，因为"在路德后的时代，除了歌德没有一个诗人或思想家在如此多的领域里同时发生影响"①，所以，也就难怪人们言德国则称歌德。一部歌德接受史，非仅在德国、在欧洲，也漂洋过海，深深地影响到世界各地。远在东亚的现代中国，同样得益于歌德的精神滋润。仅以现代文化史上具有重要地位的两位学人为例，来看看他们景慕的歌德形象。以美学家著称，而又以《流云》小诗为中国小诗殿军的宗白华，在德国留学时曾专门作过一组《题歌德像》。第一首由像及心："你的一双大眼，/ 笼罩了全世界。/ 但是也隐隐的透出了 / 你婴

---

　　① R. Buchwald, *Goethezeit und Gegenwart*（《歌德时代与当代》）（Stuttgart: Alfred Kröner Verlag），S.42.

孩的心。"寥寥几笔，勾勒出一个伟大诗人的身心魂灵，极为切要，可见那代诗人的文学技术和哲思忧怀之兼具。第二首则由诗读思："诗中的境 / 仿佛似镜中的花，/ 镜花被戴了玻璃的清影，/ 诗镜涵映了诗人的灵心。"对诗人之心的体会最为难能，能达此则为上境；现代中国诗人虽多，能达思境者少。第三首："高楼外 / 月照海上的层云，/ 仿佛是一盏孤灯临着地球的浓梦。/ 啊，自然底大梦啊！我羽衣飘飘，/ 愿乘着你浮入无尽空间的海。"[①] 不仅是海月入梦、灯羽飘临，更是对诗人的世界胸怀有极好和恰当的理解写照。说到底，这首诗超凡脱俗，意境无限，其实隐隐托出的，乃是一个具有世界胸怀的世界诗人形象：童心灵透，覆盖全球，世界之像，尽在眼中，大梦入海，孤灯长明。宗白华的诗的创造可真的是极符合他的美学观念：美学散步！而被鲁迅誉为"中国最为杰出的抒情诗人"[②]、专治日耳曼文学的冯至则从具象入手，给他心目中景仰的歌德造像，作了一首十四行诗：

　　　　你生长在平凡的市民的家庭，
　　　　你为过许多平凡的事物感叹，
　　　　你却写出许多不平凡的诗篇；
　　　　你八十年的岁月是那样平静，
　　　　好象宇宙在那儿寂寞地运行，
　　　　但是不曾有一分一秒的停息，
　　　　随时随处都演化出新的生机，
　　　　不管风风雨雨，或是日朗天晴。

① 原刊 1922 年 7 月 27 日《时事新报·学灯》，见宗白华：《宗白华全集》第一卷，安徽教育出版社，1994，第 342–343 页。

② 鲁迅：《〈中国新文学大系〉小说二集序》，载《鲁迅全集》第六卷，人民文学出版社，1981，第 243 页。

> 从沉重的病中换来新的健康，
>
> 从绝望的爱里换来新的营养，
>
> 你知道飞蛾为什么投向火焰，
>
> 蛇为什么脱去旧皮才能生长；
>
> 万物都在享用你的那句名言，
>
> 它道破一切生的意义："死和变。"①

此诗相对淡化表象，集中于现实和哲理层面的展开，对歌德平常人生的敬意，以及对诗歌蕴含的哲学的理解，都是常人所难以企及的。所以，这两首出于中国诗人之笔的咏歌德诗，体裁不同，思路各异，但却殊途同归，对理解作为"完人"的歌德，颇有助益。这所谓的"完人"，不是出圣入贤的"完人"，而是一个具有完整意义人格的"人"。冯诗强调歌德作为凡人的普遍性，从平凡的日常生活中揭示其哲理的奥义；宗诗则关注作为一代诗哲的伟大光辉，从其世界关怀入手，努力开掘诗人的美学意境。这可能与冯、宗二氏各自的学术趣味、价值取向有关，但从另一个角度也显示出歌德的博大精深，可为各种论说提供一共同的话题。但如果要真的理解歌德，必须将其放在宏观的历史背景下，在民族国家的紧要关头去考察他的所思、所言、所行动、所承当。

谈到这一点，我们就必须理解国难背景及歌德对拿破仑的态度。贺麟在"九一八"之后撰《德国三大哲人处国难时的态度》，强调的是在 1806 年秋，普鲁士当亡国之际，"德国的大文豪歌德，大哲学家黑格尔、费希特的遭遇及他们处国难时彼此不同的态度"，其目的在于揭示出三大哲人由于性情思想不同，对爱国主义的各自不同表

---

① 冯至：《冯至选集》第一卷，四川文艺出版社，1985，第 135 页。

现^①。李长之批评其有关歌德的论述，谓："贺麟的歌德处国难时的态度，这篇作不到好处的原因在歌德对国家观念并不太强而作者偏要派作处国难时的模范人物。这与菲希特不同；贺麟介绍菲希特处国难时的态度，我却记得作得非常动人。倒是在《旁观旬刊》上李惟果作的从歌德向拿破仑敬礼到德意志民族复兴，说歌德对于国势的毫无信心，竟希望拿破仑奠定大陆，这才是真相呢。贺麟被一种心理所束缚，我们敬爱他的爱国，我们不原谅它的利用和曲解。"^②这一分析不无中肯之处，与费希特的大声疾呼、殒身不恤相比，歌德的沉静与黑格尔的闭门著述，显然都缺乏了一种国难当头之际的热血激动，缺乏一种震撼人心的精神张力。虽然，贺麟可以解释成，各伟人处国难时各取不同之风格，如戏剧、如诗歌、如散文，各有风采，不必强求一律，但事实确实也是歌德并没有"上马击狂胡"的实践和愿望。其实，我们如果参照歌德自己的论述（1813 年），就可以看得更清楚。他强调自己并非对自由、人民、祖国等伟大思想无动于衷。自己其实总把德国萦怀在心中。但他痛感德国人民作为个人如此值得尊敬而作为整体却很可怜，所以想摆脱这种感觉，于是在科学和艺术中找到了可以使自己升腾起来以超越这种情绪的翅膀。^③歌德究竟是个什么样的人？以歌德和拿破仑的会面为例，不要轻看歌德对拿破仑的态度，因为这实际上反映出他的一种自觉自立的选择。出于强权暴力压境的现实，歌德不能不去见拿破仑，这个背景确实是屈辱的；但歌德又在最大程度上保持了自己的尊严，不卑不亢，不仅是作为德国人的一

---

①　贺麟：《德国三大哲人歌德、黑格尔、费希特的爱国主义》，商务印书馆，1989，引言第 1 页。

②　李长之：《歌德之认识》，载唐金海等主编《新文学里程碑 - 评论卷》，文汇出版社，1997，第 484–485 页。菲希特即费希特。

③　迪特尔·拉夫：《德意志史——从古老帝国到第二共和国》，Inter Nationes，1987，第 62 页。

员，也是作为艺术家的代表。而这也当归功于拿破仑，虽然不能极尽礼数，但也未敢以暴力而自骄，两者基本上算是相对平等的"双星擦肩而过"。对于歌德来说，一方面不辞作为德国人的文化身份，另一方面其实更多地保持着一种世界公民的思想，这就是他并不十分看重战场上的具体政权国家的胜负，而更将文化、思想、道德的水准层次高看的原因。

从狂飙突进到魏玛时代的歌德思想之转变：走向世界文学

在歌德漫长的一生中，有两段与德国文学史和思想史进程密切相关，那就是他青年时代所参与的狂飙突进运动，与魏玛时代领导的古典主义运动。前者大约在 18 世纪中后期之间，后者则是在 18 世纪末、19 世纪初交际之时。而拿破仑入侵德国，正是发生在魏玛时代。这个时期，歌德的思想虽已基本定型，但仍处在可能的转变时期。

早在 19 世纪初期，歌德就提出了"世界文学"的概念："民族文学在现代算不了很大的一回事，世界文学的时代已快来临了。现在每个人都应该出力促使它早日来临。"[1] 这个概念当然是大名鼎鼎，而且确实有发覆性的意义。但我们必须注意到，歌德之提及"世界文学"并非灵光一现，而是多处提及，有自觉的理论意识。歌德的阅读范围相当之广泛，这一点从其少年时代即可看出，我们只要稍微翻阅一下他的自传《诗与真》，就会为自传主人公如此广博的阅读兴趣而吃惊。然而，歌德求知的目光是那样的逡巡游弋，并不以某种文化定向为局限。如果说古希腊被他视作西方文学的源泉，而需要不断地回归于此，作为以后西方人的"元典规训"的话；那么法、英文学则被他更明确地化用为可以支配的文化资源。更重要的是，他的眼光超越了

---

① 爱克曼辑录《歌德谈话录》，第 113 页。

狭隘的西欧界域，奔向波斯、奔向阿拉伯、奔向印度，最终抵达了文明世界的那一端点——东亚。不仅是中国，还有日本。有论者对此颇有敏锐的把握："歌德思想范围底推广和他的年岁同时增进，人类在他的中心渐成一个整体，东方也随着得他的注意，最堪注意的，就是他留心研究东方情形底开始，正是拿破仑战争底时候，大多数的德国民族正在受着最大的政治底刺激。"① 从《西东合集》到《中德杂咏》，歌德显然是通过自身的努力在实践着这一理论思维。然而，即便是走向世界，即便是意识到全球化的潮流甚至在最高端的文化领域都难以抵挡，歌德仍不忘本来民族之地位，所以他会特别提到世界文学语境中的德国位置问题："在已经出现世界文学的今天，认真看来，德国人必将遭到最大的损失；如果他们能考虑这个警告，对他们自有好处。"② 显然，即便是胸怀世界，歌德仍不能完全摆脱自己作为德国人的基本立场，对本民族的关切之情跃然纸上。或许更确切地说，是歌德意识到，即便在全球化浩浩荡荡的语境里，也需要多元色彩中的精英引领。还是尼采，最能深刻地理解歌德的精神史意义。

　　歌德的文学属于比"民族文学"更高的那一类文学。因此，歌德同他的民族的关系既不是生活上的关系，也不是一种新的关系或一种陈旧的关系。他过去是、现在仍然是仅仅为少数人而活着的；对于大多数人来说，他只不过是可以满足他们的虚荣心的

① 卫礼贤：《歌德与中国文化》，温晋韩译，载周冰若、宗白华等编《歌德之认识》，钟山书局，1933，第 259 页。另一篇同题文章 Richard Wilhelm, "Goethe und die chinesische Kultur," *Münchener Neueste Nachrichten, 7*, no. 10 (1926)：301–316. 中译文参见卫礼贤：《歌德与中国文化》，载蒋锐编译《东方之光——卫礼贤论中国文化》，外语教学与研究出版社，2007，第 245–258 页。

② 歌德：《维廉·麦斯特的漫游时代》，第 488 页。[德文见 Werke: Wilhelm Meisters Wanderjahre. Goethe: Werke, S. 7722 (vgl. Goethe-HA Bd. 8, S. 483) http://www.digitale-bibliothek.de/band4.htm.]

喇叭，一代又一代的人拿起这喇叭向德意志以外的地方吹去。歌德不仅是一个善良的人和伟大的人，而且他就是一种文化。歌德是德意志历史上的一个前无古人、后无来者的特殊现象。①

也正是这样一种立足本民族又超越本民族的精英意识，使得歌德更属于一种"世界公民"，是一种超越了狭隘民族利益的高端立论。所以，歌德的世界文学主张，其实是与他的世界公民意识密切相连的，而这种"高屋建瓴"，则是一种"世界理想"的萌芽。这一点并不奇怪，在18世纪那样一个充满理想情绪的整体背景下，由莱布尼茨、沃尔夫、康德而来的，正是那样一种"世界理想"的营造。而相比较更加现实的"世界历史"、"世界市场"的概念，"世界文学"无疑更具有诗性和理想兼容的色彩。

二、马克思的理论发覆：
从世界文学到世界市场

在歌德与马克思之间，相隔着两代人：1770年前后生人的黑格尔一代、1790年前后生人的海涅一代。而与马克思同代的1810年前后生人还有俾斯麦、瓦格纳等人。如果我们按照这样一个精英谱系下行的话，会明显地感觉到马克思这代人有一个突变过程，因为哲学家和思想家要站出来，不仅是阐释世界了，更关注改变世界；但我们也

---

① Friedrich Nietsche, *Menschliches, Allzumenschliches* (《人性的，太人性的》), 1886. 转引自 Peter Boerner, *Johann Wolfgang von Goethe 1832/1982 - Ein biographischer Essay* (Bonn: Inter Nationes, 1983), S.188. 中译文参见彼德·贝尔纳：《歌德》，第198-199页。

不能忽略的是，再伟大的人物，他都不可能脱离谱系之链而存在，在物质血脉上如此，在精神血缘上也不例外。这里仅就"世界文学"概念的发展为例，我们大家都耳熟能详的，或许是马克思的这段话：

> 资产阶级，由于开拓了世界市场，使一切国家的生产和消费都成为世界性的了。使反动派大为惋惜的是，资产阶级挖掉了工业脚下的民族基础。古老的民族工业被消灭了，并且每天都还在被消灭。它们被新的工业排挤掉了，新的工业的建立已经成为一切文明民族的生命攸关的问题；这些工业所加工的，已经不是本地的原料，而是来自极其遥远的地区的原料；它们的产品不仅供本国消费，而且同时供世界各地消费。旧的、靠本国产品来满足的需要，被新的、要靠极其遥远的国家和地带的产品来满足的需要所代替了。过去那种地方的和民族的自给自足和闭关自守状态，被各民族的各方面的互相往来和各方面的互相依赖所代替了。物质的生产是如此，精神的生产也是如此。各民族的精神产品成了公共的财产。民族的片面性和局限性日益成为不可能，于是由许多种民族的和地方的文学形成了一种世界的文学。①

如果我们将其放在思想史的谱系中，会发觉在歌德提出的"世界文学"（Weltliteratur）概念基础上，马克思更具有自觉的理论内涵和问题意识。但无论如何，概念是一致的，甚至我们可以说就是承续性的。但马克思有发展，这就是将"世界市场"的概念和问题提出来

---

① 马克思、恩格斯：《共产党宣言》，载中共中央马克思恩格斯列宁斯大林著作编译局编译《马克思恩格斯选集》第一卷，第404页。编者注中指出，这里的"文学"（Literatur）的概念乃是指包括了科学、艺术、哲学等等方面的书面著作，所以"世界文学"在这里是个拓展性的概念，可以看作是人类精神产品的指称，但这里的德文概念"Weltliteratur"是与歌德使用的同一个词，所以我倾向于将其翻译为"世界文学"，而非"世界的文学"。

了。在歌德、席勒那个年代，他们已经非常敏锐地感受到了现代性迫来的咄咄逼人之势，一方面慨叹田园诗时代的一去不返，另一方面也只能以一种关注的目光注视着大机器时代的逐渐临近，但基本上还是没有上升到理论的高度。到了马克思就不一样了，一个方面是资产阶级和资本主义本身确实在发展，作为后来人，马克思、恩格斯他们有更多的机会和历史纵深感看到历史大剧的演进过程；另一方面，也不得不归功于马克思的哲学思维高度和理论总结能力。这样一种极为通透的学术判断力，是在实践基础上的理论敏锐感。

我们应该立即联想起马克思那句名言，即哲学家们只是以不同方式来解释世界，而问题在于如何改变世界①。这就使得这位本当立足于思想凌烟阁中的大哲，一步踏入了激流涌动的现实社会潮流，必须在政治场域中也同样扮演斗士的角色。更重要的在于，马克思作为哲人所关注的，不仅是某国某族，而是人类生存的整体地理环境——世界。由此，世界市场、世界公民、世界文学就成为一组具有张力的核心概念，而产生了特殊的意味。如果说，在这里我们将世界市场更多视为一种器物层面的客观存在（当然也有文化层面的丰富含义）；那么，世界公民的概念无疑更多具备了制度层面的内涵；而世界文学则是一种理想化的文化理念。这三者之间构成一种相互影响、作用与关联的关系。所以，问题的本质，或许更在于文明结构的整体性内在统一。汤因比这样说过："人类文明世界在经济上一体化的开端，是以葡萄牙人发明远洋帆船为标志的，它的完成则是1864年国际电报联盟和1875年国际邮政联盟的成立。到那时为止，人类已经变得依赖于经济上的全球一体化，但仍不愿在政治范围内放弃民族分立。尽管从1914年以来，它已经导致了战争浩劫，但这种不相适应的状况仍

---

① 马克思：《关于费尔巴哈的提纲》，载中共中央马克思恩格斯列宁斯大林著作编译局编译《马克思恩格斯选集》第一卷，第136页。

在继续。接踵而来的是，人类事务已混乱到无以复加的地步，致使整个人类社会陷于瘫痪。只有极少数人可能幸免，他们是自给自足，没有卷入世界市场的农民、猎人以及靠采集食物为生的人。"① 在这里，汤因比以其敏锐的目光，意识到了经济－政治的一体性问题，即经济一体化－政治一体化是不可能完全分裂的，必须有某种程度的协调性乃至一个立体的结构。或者按照汤因比的判断就是："自 15 世纪由于中国人、葡萄牙人和西班牙人掌握了航海技术而使人类文明世界连为一个整体以来，民族国家的政治理想一直是某种经济上的时代错误。"② 也就是说，在政治制度层面一直停留在民族国家的政府组织上，就是一种落后乃至错误的表现，至少不是与时俱进的。而其目标则应指向一个世界政府。"人们需要某种形式的全球政府来保持地区性的人类共同体之间的和平，来重建人类与生物圈其余部分之间的平衡，因为这种平衡已被作为工业革命结果的人类物质力量的空前增长所打破。"③40 余年弹指过去，人类技术力量的发展远远超出当初的想象，实际上甚至可以认为文明史上的又一次技术革命——信息革命已经发生，以互联网为代表的技术正以前所未有的威力改变着世界和人类的一切，这是汤因比在那个时代所不能想到的，但固有的政治权力组织方式基本上依然在顽固地照旧生存。

马克思曾说过："我是世界的公民，我走到哪儿就在哪儿工作。"④其中当然不无对自身特殊阅历的自豪之情，但却也在某种意义上近乎一个问题的本质，那就是"世界政府"的隐形存在，必须承认的是，

---

① 阿诺德·汤因比:《人类与大地母亲》，徐波等译，上海人民出版社，2001，第518页。

② 同上书，第517–518页。

③ 同上书，第523页。

④ 拉法格:《忆马克思》，载中共中央马克思恩格斯列宁斯大林著作编译局编《回忆马克思》，第187页。

马克思在欧洲各国的侨居过程，虽然历经艰险，但毕竟没有影响生存，这是资本主义社会的历史的文明作用所在。另一个方面，也确实说明，一个世界政府是需要的。马克思对世界市场概念的揭示，以及对世界文学作为精神生产的新解，其实必然导致中间制度层面的诉求，这就是世界政府的实际的必要性。

有论者特别凸显马克思的理论贡献，认为："马克思论述欧洲现代化的重要之处，在于他没有把欧洲的现代化归因于工业革命和技术变革，而是认为技术的变化与革新乃是由社会制度、习俗和社会行为的变化所引起的。"[1] 如此，则提示我们以一个非常重要的线索，就是从制度、文化层面去理解器物现代化的原因。而世界政府应是一个非常重要的环节。要知道，"自从人类文明破晓而出，人类的技术进步和社会行为之间便始终存在着矛盾。技术的进步，特别是 1773 年至 1973 年这最近 200 年间的进步，极大地增加了人类的财富和力量，人类作恶的物质力量与对付这种力量的精神能力之间的'道德鸿沟'，像神话中敞开着的地狱之门那样不断地扩大着裂痕"[2]。实际上，应该将其列为一种立体结构，即自下而上的"技术进步－社会行为－精神能力"，它们彼此之间是反比而非正比的关系，这是非常可悲的。何以如此？

如果说歌德更具有一种抽象意义的世界理想和世界关怀的话，那么马克思无疑更具备创造世界制度的雄心壮志，他对世界市场的深刻揭示和对世界文学的新解之提出，就是为了更好地指向自己的共产主义——世界制度。我们看到，马克思的理想并非仅仅停留于造成一种与资本主义并行的社会主义制度，而是要形成代替资本主义的社会主义制度。这确实是一种颠覆性的思想，也是一种具有创造性的思想，

---

① 什洛莫·阿维内里：《马克思与现代化》，载塞缪尔·亨廷顿等著《现代化：理论与历史经验的再探讨》，罗荣渠主编，上海译文出版社，1993，第 9—10 页。

② 汤因比：《人类与大地母亲》，第 526 页。

但其背后的思维本质仍不脱传统的西方二元论，即"不是东风压倒西风，就是西风压倒东风"。

马克思的世界理想，最后指向乃是共产主义，而其重要依据则是对资本主义的根本性判断。对于这一点，齐泽克（Slavoj Zizek，1949—　）这样做了比较分析："标准的马克思主义把资本主义视作一个具体的社会构成；而从海德格尔到阿多诺及霍尔海默，他们都试图把疯狂的资本主义自我增长的生产力视作更加基本的超验本体论原则的表现（'权力欲'，'工具理性'），我们同样也可以从共产主义战胜资本主义的努力中观察到。"①

> 这样一个秩序，它不仅能持续而且甚至还上升到更高的阶段，并完全有效地释放生产力螺旋型的自我增长潜能，这种潜能在资本主义制度中，由于其与生俱来的障碍／矛盾，是被社会中破坏性的经济危机所反复阻挠的。简而言之，马克思没有注意到的——用标准的德里达的术语来说——就是作为生产力完全配置的"不可能性的条件"，这种内在的障碍／对抗性同时也是其"可能性的条件"：如果我们清除这个障碍，克服这个资本主义内在的矛盾，那我们就不能获得完全解放生产力的动力，这种生产力最终是通过其阻力传送的，我们就正好失去了这个看起来似乎是由资本主义产生并同时被其阻挠的生产力——如果我们清除了这个障碍，则此障碍阻挠的真正潜能也就消散了……②

显然我们需要承认共产主义的理想主义特征，可问题在于我们如何才能在现实社会存在的基础上达致共产主义？如此，又回到了一个

---

① 斯拉沃热·齐泽克：《易碎的绝对——基督教遗产为何值得奋斗？》，蒋桂琴、胡大平译，江苏人民出版社，2004，第13页。霍尔海默当即霍克海默（Max Horkheimer）。

② 同上书，第14页。

基本问题：即便是马克思的创造性理论，也是在资本主义语境本身当中发展起来的，也是由这样一个基本物质存在而决定的上层建筑中的思想和意识形态，其间的悖论性恐怕很难完全避免。

我们首先要承认的一个基本事实是，"资本主义为人类创造了大量物质财富。但它在全面满足人类需求方面做得并不比之前的制度更出色"[①]。这里指出了一个非常重要的悖论，就是物质财富的增加与人类需求的满足并不成正比。在精神生活的领域，如果仅仅是不更出色倒也罢了，但实际上人类或许是在走着倒退之路的。这是非常糟糕甚至可怕的。人类究竟需要的是什么？或许是一个值得追问的问题。但人类在这艘大航船上奔向全球化时代，则是一个不争事实。它究竟是挪亚方舟还是泰坦尼克号，才是真正值得关注的。伊格尔顿（Terry Eagleton, 1943— ）给我们描绘了未来的可能景象：

> 在未来的世界，拥有核武器的国家之间会因为争夺稀少的资源而频繁交战，而这种资源匮乏的状况很大程度上就是资本主义的"杰作"。有史以来第一次，占人类社会主导地位的生活方式不仅会滋生种族主义，散播愚民文化，迫使人们相互争战，驱赶人们进入劳动营，还具有了将人类从这个星球上彻底抹去的能力。资本主义制度的逻辑就是：只要有利可图，即便反社会也在所不惜，而这就意味着将有许许多多人死于非命。[②]

这就是资本主义制度最为致命之处。利益追求压倒一切，这本是生物生存的一个原则，但将其制度化并极端化则是大弊。或许还真是如歌德洞达的预言："人类会变得更聪明，更具识别力，但不会更好，

---

① 特里·伊格尔顿：《马克思为什么是对的》，李杨等译，新星出版社，2011，第15 页。

② 同上书，第 13 页。

更幸福，更有力，或者至少在某些时代如此。我似已预见到某一时刻的来临，上帝不再能从人类身上获得乐趣，那就必然会毁灭一切，求得更生冲创之力。我相信，这一切都已在冥冥之中早有注定，在遥远未来的某个时日，必将开始又一轮新的恢复冲创之力的时代。但距离那刻肯定仍有漫长的时日，我们依旧可在成千上万的年头里在这块可爱的、古老的土地上享受生活，就像现在这样。"① 是耶非耶？人类的未来之路，究竟该怎样展开？

三、世界关怀与世界公民：
文史哲融通之后的德国精神与世界理想

毋庸否认，歌德是一个具有强烈的世界关怀的人物，这一点使得他明显地区别于同时代其他优秀的精英人物，包括席勒。歌德在他的几部名著里，曾一再提到"世界公民"（Weltbürger）这个概念，虽然并不常见，但可以显示他的基本用心。同样，马克思也曾使用这个概念。就像世界文学的概念，虽然各有所发明，但这其中体现出融通的德国精神，及其世界公民的意识，或者更是一种重写世界历史的精神。歌德曾说过："世界历史有必要随时代之变化而不断重写，这一点对我们的时代而言显然毫无疑问。"② 世界历史都必须不断重写，更不用说世界文学与世界理想的境界设定，这一切应该都是那样一个

---

① 1828 年 10 月 23 日谈话，Johann Peter Eckermann, *Gespräche mit Goethe - in den letzten Jahren seines Lebens*（《歌德谈话录——他生命中的最后几个年头》）（Berlin und Weimar: Aufbau-Verlag, 1982），S.600.

② Werke: Zur Farbenlehre. Goethe: Werke, S. 9459 (vgl. Goethe-GA Bd. 16, S. 413) http://www.digitale-bibliothek.de/band4.htm.

重书世界历史的期望。而这又是与歌德对人类文明史的进程的一个基本判断密切相连的，歌德曾极端地指出："我们看到众多的世纪冰冷而僵硬／人类的情感和理性／仅仅在大地之上匍匐爬行。"①人类元思维结构的二元组成，即感性和理性，都是匍匐前进的，都不能得到最佳的常态运行。那么，问题在哪里？应该是元结构的基本建制出了问题。1932 年，歌德逝世 100 周年，各地都举行纪念活动。史怀泽（Albert Schweitzer，1875—1965）在法兰克福发表演讲：

> 歌德是第一个为人类担忧的人。在一个其他人持冷漠态度的时代里，他已开始悟到，即将成为未来发展的大课题，是个人如何在多数人反对时不为所动。在这种（预）见到的忧虑中也包含着对自己民族的忧虑，他无论走到哪里，都把它深藏在内心，当他把它说出来时，就招致一些责斥，说他反动，不理解时代的特征。他知道，没有一个民族那样违背自己的天性，放弃属于自身精神上的独立。但是他也知道，与自然的深刻联系，他的精神和他对精神独立的需要，构成了他的本质，这也是他的人民的精神在他的身上的体现。②

我们若是联想起歌德那番关于人类必然灭亡的断言，就可以理解这种"人类之忧"并非空穴来风。歌德之忧，正表明了他作为人类一流精英的智慧与大气。但歌德并没有走向实践的步伐，他仍然停留在自己的知识与思想世界里。如果说歌德是第一个为人类担忧者，那么马克思就是第一个为人类开出处方者。任何一种药剂都不可能包治百病，炼丹者也需要"百炼成钢"，但这种精神是极为可贵的。从这

---

① 转引自梅尼克：《历史主义的兴起》，第 505 页。

② 彼·伯尔纳：《歌德》，Rowohlt 出版社，1979，S.162. 转引自高中甫：《歌德接受史：1773—1945》，社会科学文献出版社，1993，第 209-210 页。史怀泽是医生、神学家和哲学家，1952 年诺贝尔和平奖获得者。

个意义上来说，从歌德到马克思的路径，意味着德国精神的"重要变形"。改变世界的渴望，使得马克思在歌德之后，使德意志民族和犹太民族再一次攀上了现代人类文明的最高峰。

　　歌德从来就以诗人的面貌出现在世界舞台，但谁也不会否定他思想的博大精深。黑格尔表彰其《浮士德》为"绝对哲学悲剧"[1]，恩格斯更阐明了其在哲学史上的重要地位："歌德只能直接地、当然在某种意义上也就是'以预言方式'说出的事物，在德国现代哲学中都得到了发展和论证。"[2] 在我看来，歌德是德国历史上具备划时代意义、承先启后、继往开来的一代通人，其地位大致与孔子在中国相当[3]，虽然两者的生存时代相去甚远。德国精神正由他得以奠立。而任何一位具备通人境界的大家，他的视阈都是开阔的，他的精神都是恒猛的，他的生命都是创造的，他的关怀都是辽远的。在歌德，也表现在他对文史哲领域的融通上。在文学的创造上，无论是诗歌、散文、小说、戏剧，歌德都可跻身第一流而无愧；哲学上的意义，且不说康德、费希特、黑格尔、谢林等大家都对他敬重有加，就是一部《浮士德》，也绝不逊色于任何一位以严密逻辑建构自家体系的哲学大家[4]。歌德没有哲学体系，但不能说他没有自家的哲学理念，在思想史的意义上，歌德甚至更重要。而在马克思和歌德之间是有着明显的承传关系的，但马克思之可贵则在于他更进一步地从诗人天籁的理想境界落

---

　　① 黑格尔：《美学》第三卷下册，朱光潜译，商务印书馆，1981，第 320 页。

　　② 恩格斯：《英国状况》，载中共中央马克思恩格斯列宁斯大林著作编译局编译《马克思恩格斯全集》第三卷，人民出版社，2002 年第 2 版，第 522 页。

　　③ 关于将歌德与孔子相提并论，似乎颇有争议。可参见唐君毅：《歌德与孔子》，载《唐君毅全集：卷十一：中西哲学思想之比较论文集》，台湾学生书局，1982。

　　④ 值得指出的是，由此，我们可以窥见德国思想发展的另一源流，即有点类似伯林"刺猬"与"狐狸"的比喻。对于史学，歌德其实同样是大家，且不说其早期进行文学创作，就是历史剧《葛兹》、《哀格蒙特》等所表现的独到历史观，也是平常的史学家所不能及的。从来没有不理解历史而能成为伟大文学家或哲人的。

实到具体的器物存在层面，这绝不意味着他没有崇高的精神理想追求。事实上，共产主义的理想蓝图和马克思的浪漫思路还是很有关系的。

我们要注意到马克思的世界理想与其文学世界的认知有相当密切的关系，拉法格曾这样非常形象地回忆起他的阅读状态：

> 有时他（指马克思，笔者注）躺在沙发上读小说，而且间或两三本小说同时开始，轮流阅读。像达尔文一样，他也是一个小说爱好者。他比较喜欢 18 世纪的小说，特别是菲尔丁的《汤姆·琼斯》。现代小说家中，他最喜欢保尔·德·科克、查理·利弗、亚历山大·大仲马和瓦尔特·司各脱，他认为司各脱的长篇小说《清教徒》是一部典范作品。他特别喜欢探险故事和幽默的短篇小说。他认为塞万提斯和巴尔扎克是超群的小说家。他把《唐·吉诃德》当作衰落的骑士制度的史诗，骑士的德性在刚刚兴起的资产阶级世界中已显得荒诞和可笑了。他非常推崇巴尔扎克，曾经计划在完成自己的政治经济学著作之后，就动手写一篇关于巴尔扎克的最大著作《人间喜剧》的文章。马克思认为巴尔扎克不仅是当代的社会生活的历史家，而且是一个创造者，他预先创造了许多在路易－菲力浦王朝时还不过处于萌芽状态、而直到拿破仑第三时代即巴尔扎克死了以后才发展成熟的典型人物。①

这里给我们展现的是一个多么可爱的马克思形象！他简直就是文学的精灵，如此活跃地生活在文学世界之中，从中汲取营养，从中获得欢乐，更从中获得创造的动力。文学中那些关键性的诗思启发

---

① 拉法格：《忆马克思》，载中共中央马克思恩格斯列宁斯大林著作编译局编《回忆马克思》，第 190 页。

非常重要，有论者认为："马克思从他青年时期的德国人道主义文化中、从歌德和席勒以及他们的浪漫主义后继者的思想中，吸收了这种发展的理想。这个主题及其发展，至今仍然非常活跃——埃里克松是其最著名的在世的倡导者——也许是德国对世界文化作出的最深刻最持久的贡献。"[1] 更重要的是，"马克思完全清楚自己与这些著作家及其知识传统的联系，他不断地提到他们并且引用他们的著作。但他明白，尽管他的大部分先驱并不明白——重要的例外是《浮士德》第二部的作者老年歌德——人道主义的自我发展是从正在出现的资产阶级经济发展中成长出来的"[2]。侨易于德、美之间的精神分析学家埃里克松（Erik Erikson, 1902—1994），对现代人之伦理、政治问题发覆当然让人刮目相看，但必须理解的是，歌德对人道主义的观念有其变化过程，泛神论思想的最终确定相当重要。当然伯曼指出歌德对资产阶级经济的理解是正确的，而且非常重要。而马克思的创造性理论并非"横空出世"，他从德国获得的显然也不仅是古典哲学那些有限的资源。歌德应该是一个具有规定性意义的"诗哲在焉"，德意志精神谱系的任何后来者都不可能完全脱离这尊巨像而生长发育，马克思自然也不例外。

当然，从歌德到马克思，我们发现从最高层次的文学理想下降到最低阶段的器物市场，这其中有一个很大的转换，就是"自上而下"的眼光下沉；而世界公民的概念很重要，这是一种在制度层面要求落实的理想化表述。也就是说，世界理想的获得，不仅存在于知识精英的意识建构之中，也存在于政治精英的权力实践之中。对于正在如火如荼行进之中的全球化来说，世界公民的提出乃是世界理想由空想到

① 马歇尔·伯曼：《一切坚固的东西都烟消云散了——现代性体验》，徐大建、张辑译，商务印书馆，2003，第123页。

② 同上书，第123-124页。

现实的关键点，这种概念在政治层面的不断具体化，则应该是欧盟等共同体存在的意义和理由。马克思对自身世界公民身份的自诩，其实意味着一个世界政府诉求的萌芽——共产主义是一种理想境界，但世界制度无疑是一个长远的建设性目标，是值得追求的一种现实性的"世界理想"！

第七章 思维模式的二元论问题：
从"二元对峙"到"一元三分"

一、歌德、马克思的二元论模式

对于二元论，歌德有过相当精辟的论述。借助浮士德之口，歌德道出了一个思想史上的元命题："啊！两个灵魂居于我的胸膛，/它们希望彼此分割，摆脱对方；/一个执着于粗鄙的情欲，留恋这尘世的感官欲望；/一个向往着崇高的性灵，攀登那彼岸的精神殿堂！"（Zwei Seelen wohnen, ach! in meiner Brust,/ Die eine will sich von der andern trennen;/ Die eine hält, in derber Liebeslust,/ Sich an die Welt mit klammernden Organen;/ Die andre hebt gewaltsam sich vom Dunst/ Zu den Gefilden hoher Ahnen.)[①] 如果说这一描述，更注重揭示人不得不在

---

① 德文见 Werke: Faust. Eine Tragödie. Goethe: Werke, S. 4578 (vgl. Goethe-HA Bd. 3, S. 41) http://www.digitale-bibliothek.de/band4.htm. 此处为作者自译。中译本参见歌德：《歌德文集：第1卷：浮士德》，第34页。

自身二元分裂的痛苦之中的困惑，那么他在歌咏《银杏》的时候表现得更具形而上学意味，给我们显示出一代诗哲风范。他这样描绘银杏叶：

> 它是一个有生命的物体，
> 在自己体内一分为二？
> 还是两个生命合而为一，
> 被我们看成一个整体？
> Ist es *ein* lebendig Wesen,
> Das sich in sich selbst getrennt?
> Sind es zwei, die sich erlesen,
> Daß man sie als *eines* kennt?[①]

这段"二"与"一"关系的辨析相当精彩，而且借助诗人的手笔仿佛将哲人的阐述之难抹平了。其实这是一个极为重大的认知元命题，即"一"、"二"和"三"的关系，但歌德显然还没有明确地意识到"三"的意义。我们还可以再举一个例子，歌德在 1807 年的一篇戏剧序言中这样写道："小的正像大的一样永恒 / 自然运动着，人类的精神运动着，两者 / 均是原初之光的反映。/ 渊渊之暗照亮了整个世界。"[②] 这自然让我们想起胡适的那句名言："发明一个字的古义与发现一颗恒星，都是一大功绩"[③]，并无高下之别。小与大，本就是人类精神的两极，以一种相辅相成的二元关系实现"人类精神的奥德

---

① 德文见 Werke: West-östlicher Divan. Goethe: Werke, S. 1961 (vgl. Goethe-BA Bd. 3, S. 90) http://www.digitale-bibliothek.de/band4.htm. 中译文参见歌德：《西东合集》，载歌德著《迷娘曲——歌德诗选》，杨武能译，广西师范大学出版社，2003，第 291 页。

② 梅尼克：《历史主义的兴起》，第 462 页。

③ 胡适：《论国故学（答毛子水）》，载《胡适文存 壹》，华文出版社，2013，第 314 页。

赛"① (陆建德语)，但更重要的是，从思维模式的角度来看，这里仍然是一组二元关系。所以，有论者干脆认为："歌德在自身之中达到了一种生成和存在之间、变化和持存之间、历史和超历史的－永恒之间的理想平衡。但是还存在着重要的和困难的问题，即这种情况是否意味着他能够完全公平地对待历史世界中的现象和本质特征。"② 这是问题的两个方面，一方面承认歌德的平衡与圆融特点，另一方面则追问其这种特征的普遍有效性问题，即是否能够通过这种平衡模式来达致对"大道元一"的追索？然而无论如何，应当承认的是，只有首先在自身的精神状态中达到这样一种平衡，不仅是理性的，还包括感性－理性之间的平衡，才有可能去测量与探知大世界的象、质、道。诚如儒家所言，必先身修而后家齐，而后国治，而后天下平。后者虽然更关注入世的理性之道，但道理是相通的。

卡西尔甚至推崇歌德性格的主要因素乃是艺术天才和研究天才的共同的更高渊源，可称之为建构性力量③。这个评价打破了一般意义上的"艺术家"标准的评价，而将"学者"的路径也纳入来考察。但我认为，这仍是一个二元三维的问题，最终的立场仍是"思者"。歌德将学术人、艺术家的维度有一个比较好的结合，同时立定了思想者的包容性立场。因为在歌德看来，"即使星辰以双倍的光亮闪动／宇宙依然永远黑暗"④。或者我们可以理解，以求知的态度不断实现知识域的扩展，以创造的态度不断推进艺术性的积累，正是作为一个思想者可以造就的双倍星光，然而自身无论如何努力，却并不能奢求

---

① 2005 年 11 月 8 日—9 日在杭州举办的第三届全球化论坛上，陆建德题为《人类精神的奥德赛》的发言。

② 梅尼克：《历史主义的兴起》，第 464–465 页。

③ Ernst Cassirer, *Freiheit und Form*（《自由与形式》）. 转引自梅尼克：《历史主义的兴起》，第 466 页。

④ 转引自梅尼克：《历史主义的兴起》，第 468 页。

改变世界。虽然马克思早已强调过阐释世界与改变世界性质不同的问题①。但作为思者，其基本职责的限定也就是借助一切可能的手段、以求知求真的基本伦理立场，去努力攀升思想的高度。他者，非所求也。

马克思对二元论问题当然也是无法绕过的，最典型的，自然是"阶级斗争"模式的提出。阶级斗争理论所设置的"无产阶级－资产阶级"二元模式，具有巨大的破坏力和建设力，也就是说，无论是否有明确意图，其替代此前的"文明二元模式"是无疑义的。从这点来说，希特勒具有过犹不及的敏感度，他认为马克思试图用这种新二元模式来为犹太人谋取世界霸权地位②，也是他思考问题的奇特路径。

在此前的欧洲史上，"西方－东方"的二元尚非清晰，最重要的二元，是欧洲内部的"基督教－犹太教"的二元矛盾，这样一种根深蒂固的冲突，是始终存在于西方观念、实践的整体结构之中的。从历史的延续性来看，马克思的"新二元"当然取得了极为明显的成绩，至少阶级斗争理论几乎席卷全球的事实，说明了这种创新的实际功用。但进入 20 世纪之后，希特勒征服世界的狂人思想且不用说，就是 21 世纪初期以"9·11"事件开始的全球进程，也将亨廷顿的"文明的冲突"之理论展现得淋漓无余，而其本质似乎仍不得不回归到人类史上的这种二元结构。究竟人类二元的本质当归结为"文明"还是"阶级"？这或许是一个值得再三追问的问题。

有论者如此简化马克思的思维模式："马克思认为历史有三重结构：（1）太初的一（oneness）；（2）太初的一的分解为二律背反的对立（antithesis）；（3）分解对立面的结果导致更高的层面的重新统一。

---

① 马克思：《关于费尔巴哈的提纲》，载中共中央马克思恩格斯列宁斯大林著作编译局编译《马克思恩格斯选集》第一卷，第 136 页。

② Adolf Hitler, *Mein Kampf* (Muenchen: Zentralverlag der N.S.D.A.P., 1936), S.69–70.

因此，可以说，马克思历史神话诗学的经济学范畴排成一行：'一—二重性—更高的一'。"①这已经接近了思维结构的元模式问题，即"一、二"之间的关系以及辩证法，但仍然未涉及"三"。当然，我们也不妨把这个"更高的一"看作"三"，有点像老子所说的"道生一，一生二，二生三，三生万物"（《老子 四十二章》）②。但显然不完全一样，即中间结构的解释过于简单了些。或者还是来看看更具体的论述：

　　马克思的社会经济学词汇，让他创立了真正的经济学现象的学说；而他的神话诗学范式，使得他根据神话诗学的结构研究社会经济学现象。因此，马克思经济范畴有双重标准。第一重标准指经验的现象，第二重标准指救赎的模式。例如，无产阶级假定为每一个人在经验上认同的群体。可是，无产阶级的

---

　　①　维塞尔：《马克思与浪漫派的反讽——论马克思主义神话诗学的本源》，第259页。

　　②　印度学人亦称："'真理'，独一而永恒者也。世间万事万物之理皆由此出，依此而明，据此而得其所，此'真理'者，吾人之所求也。"引自室利·阿罗频多：《薄伽梵歌论》，徐梵澄译，商务印书馆，2003，第3页。

　　关于"一—二—X—万物"的过程，大致无异议，但作为中介的X究竟是三还是四、五，有不同说法，譬如北宋邵雍（1011—1077）就根据《周易·系辞传》"易有太极，是生两仪，两仪生四象，四象生八卦"的生成法，将万物皆按"四象"归类，建立了四分宇宙结构图。按照他的说法："天生于动者也，地生于静者也，一动静交而天地之道尽之矣。动之始则阳生矣，动之极则阴生焉，一阴一阳交而天之用尽之矣；静之始则柔生矣，静之极则刚生焉，一刚一柔交而地之用尽之矣。动之大者谓之太阳，动之小者谓之少阳，静之大者谓之太阴，静之小者谓之少阴。"（邵雍《观物内篇》）如此，则天地两仪生出"阴阳刚柔"四象，表现为太阳、少阳、太阴、少阴。参见张其成：《象数易学》，中国书店，2003，第342—343页。

　　周敦颐（1017—1073）则通过《太极图说》构成了一个由五行而生万物的逻辑链：无极—太极—阴阳—五行—万物。有论者认为，这一思路虽然"从'阴阳'到'五行'表面上看是'二生五'，属于'二生三'系统，实际上是分出两对阴阳加上中'土'，同样是'一分为二'思想的产物"。引自张其成：《象数易学》，第307页。

经济认同，来自于"一——二重性——更高的一"的历史发展过程的神话诗学的功能。无产阶级出现于最理想的对立之时，由此，它担负解脱（soteriological）的任务，要在总体上扭转双重性以及开创一个更高的统一。为了开始新的整合阶段，消灭分解（decompositional）历史阶段结构的力量就是反讽，……浪漫主义和经济学、神话诗学和科学的结合，创造了伟大的马克思主义黄金时代的传说（folktale）。"传说"的自我同一也就是马克思经济学理论的结构核心。①

这里给我们提供了一个非常重要的思维切入点，即马克思学术研究的双重互补特征，即社会经济学 – 神话诗学的观照关系。说到底，一个是向下的近乎物质层面的研究，一个是向上的近乎纯粹精神层面的研究，但这两者不是对立的关系，而是互动互补的关系。结合马克思的生性特征来看，或许更容易理解，拉法格就说过："马克思兼有一个天才思想家必须具有的两种品质。他能巧妙地把一种事物分解为它的各个组成部分，然后再综合起来，描述它的全部细节和各种不同的发展形式，发现它的内在联系。他的论证方法不是抽象的，只有某些不能思索的经济学家才那样非难他；他的方法不是几何学家的方法，几何学家在从周围世界抽出自己的定义之后，就完全脱离现实基础演绎出理论。我们在《资本论》中找不到一个孤立的定义或公式；我们所看到的是对现实的一系列高度精密的分析，这些分析把最细微的差异和最小的区别都表达出来了。"② 实际上，这里总结的是两种基本方法，即演绎与归纳。演绎法能够化整为零，将总结出的规律运用到普遍实践中去，由见林而见树；而归纳法善于由小到大，能将具体

---

① 维塞尔：《马克思与浪漫派的反讽——论马克思主义神话诗学的本源》，第260页。
② 拉法格：《忆马克思》，载中共中央马克思恩格斯列宁斯大林著作编译局编《回忆马克思》，第195页。

的经验总结上升到理论的高度层面，由见树而见林。这种由二复归于一的思路，正符合马克思由"二重性"阶段上升到那个"更高的一"的阶段。

二、西方传统的二元论认知

一般而言，我们认为西方传统的世界观呈现出二元论（dualistic）的基调。"西方人对自然人事，都是二元对立的思维倾向，亚里斯多德所创始而通用二千余年的是非对错二值对立的古典形式逻辑，可为明证；至如客体与主体，理想与现实，本体与假相，天启与理性，心与物，社会与个人，灵魂与肉体的对立等等，亦不过是举其荦荦大者而已。尤其在宗教信仰与形上学思想方面，西方人更是执守二元论立场，因而超越世界与现实世界完全分离，天国与地域断然隔绝，无论就存在意义或价值意义言，前者均较后者为真为高。"[①]二元论当然不是一种放之四海而皆准的真理，事实上任何一种以这样的"真理类型"自我标榜的东西也都是靠不住的。可毕竟这种"二元模式"也自有其存在的理由，有其自圆其说的内在逻辑，不可一概否定，但至于它是否是最合理的一种诠释方式，则值得商榷。譬如在希腊人那里，我们应当注意到：

> 力量的平衡并不等于静止，它包含着对立和冲突。每种力量轮流占据优势，夺取权力，然后又与它最初的前进成比例地后退，让出权力。在世界中，在四季的更替中，在人的肌体中，一

---

① 傅伟勋：《西方二元论世界观的崩落与实存主义的兴起》，载傅伟勋著《从西方哲学到禅佛教》，生活·读书·新知三联书店，1989，第158页。

种有规律的循环就这样把最高权力从一个力量传到另一个力量，把所有元素的统治和服从、进和退、强和弱、生和死当成对称的、可逆的两极而连接起来。

不仅如此，

> 一些相互对立、不断冲突的"能量"构成了世界，它们被迫服从一种公正的补偿法则和一种使它们完全平等的秩序。在一视同仁的公正的制约下，各种元素的力量尽管具有多元性和多样性，却能在有规律的均衡运动中联合并协调起来，组成统一的宇宙。①

其实，此处在"二元表象"下的"一元三分"已经呼之欲出，因为在平衡点上实际上已构成了"三"，而在此处两极的对立不是一成不变的。所以，或者我们也可以认为，即便就希腊思想的源头来说，其二元论也不是绝对的，其中很可能包含了"一元三分"的影子。如果我们认为最有效的思想只有一个来源的话，那么或许会质疑其来源，对于古代希腊思想的原创性追问或许是必要的："曾经创造了希腊科学的那种精神和方法的变更，是否是由于东方一种已存在的科学的影响而发生的呢？"②有论者就明确指出："欧洲同古希腊的文化纽带远远不如东方世界同古希腊文明的关系密切。"③同样，《黑色雅

---

① 让－皮埃尔·韦尔南：《希腊思想的起源》，秦海鹰译，生活·读书·新知三联书店，1996，第110页。

② 莱昂·罗斑：《希腊思想和科学精神的起源》，陈修斋译，广西师范大学出版社，2003，第30页。

③ 相蓝欣：《传统与对外关系——兼评中美关系的意识形态背景》，生活·读书·新知三联书店，2007，第54页。

典娜》的出版也为我们理解希腊文明的源流状况提供了另类解说 [1]。这种因为文化之间相互交流而导致的文明进步例子，可谓是不胜枚举，因为道理很简单，"从古代到现在，在世界上还找不出一种文化是不受外来影响的"[2]。这里想要强调的是，我们应当能够深入问题的内部，从具体的内力、外力之间的相互作用中来把握基本规律，并将其放置在一个宏大的历史背景中来考察之，如此则二元论与侨易学就很容易建立一种亲密的关系，或者用"二元三维"的思维方式更容易把握到问题的关键所在。

人在求知过程中是很容易自然地走向新领域的开辟的，譬如歌德在《颜色论》（*Farbenlehre*）中明确指出："这就是我，在自己还未意识到的时候，就进入了一个陌生的世界，从诗学到造型艺术，从造型艺术到自然研究，那些只该被当作工具的东西，现在却作为目标促动着我。但当我在这些陌生的领域里长期徘徊时，我却通过生理颜色及其引起的道德和美学作用，发现了通向艺术的幸运回归之路。"[3] 这段夫子自道，最好不过地证明了一个道理，大道无疆，随心所欲，只要本心不变、求真之意志不变，则无论信马由缰何处，必然会寻到归道之途。归道之际，或许就是得道之时。所以，按照自己内心的求知意

---

① 贝尔纳将希腊模式归结为两种阐释方式，即"雅利安模式"和"古代模式"，前者将希腊视为本质上是欧洲的或雅利安的，后者将其视为黎凡特的，处于埃及和闪米特文化区域的边缘，据此希腊文化兴起是因为殖民化，即埃及人和腓尼基人使希腊居民文明化，希腊人此后乃持续不断汲取近东诸文化。参见马丁·贝尔纳：《黑色雅典娜：古典文明的亚非之根：第一卷：构造古希腊 1785—1985》，郝田虎、程英译，吉林出版集团，2011，第 1 页。

关于希腊罗马哲学与东方文化关系的一个概述，可参见姚介厚：《西方哲学史：第二卷：古代希腊与罗马哲学》，江苏人民出版社，2004，第 30—39 页。

② 季羡林：《文化交流的必然性和复杂性》，载季羡林、张光璘编选《东西文化议论集》，经济日报出版社，1997，第 8 页。

③ Werke: Zur Farbenlehre. Goethe: Werke, S. 9920–9921 (vgl. Goethe-GA Bd. 16, S. 717).

识去行路是非常必要的。但此路究竟该当如何寻得，却是仁者见仁、智者见智的事情，譬如马克思就曾通过对黑格尔哲学的批判，试图寻到一条可能的出路：

> 虽然哲学被封闭在一个完善的、整体的世界里面，但这个整体的规定性是由哲学的一般发展所制约的；这个发展还决定了哲学在转变为与现实的实际关系时所采取的形式。因此，世界的整体性一般地说是内部分离的，并且这种分离达到了极点，因为精神的存在是自由的，其丰富达到普遍的程度，心脏的跳动在其内部，也就是在作为整个机体的具体形态之中形成了差别。只有当世界的各个方面都是整体的时候，世界的分裂才是完整的。所以，与本身是一个整体的哲学相对立的世界，是一个支离破碎的世界。因而这个哲学的能动性也表现得支离破碎，自相矛盾；哲学的客观普遍性变成个别意识的主观形式，而哲学的生命就存在于这些主观形式之中。但是不应对这场继伟大的世界哲学之后出现的风暴，感到惊慌失措。普通竖琴在任何人手中都会响；而风神琴只有当暴风雨敲打琴弦时才会响。①

这段叙述显然内容极为丰厚，也颇难理解。但基本上看来，马克思试图为哲学寻找到一个可以安身立命的基础。他的思维方式和歌德显然是不一样的，歌德是在一种诗性流淌的方式中"跟着感觉走"，但万变不离其"心中之道"，他是有所持守的，不是漫无归依的。而马克思则是一种纯粹理性的思维方式，按照逻各斯的逻辑步步推进，但他也意识到这种思维模式的局限性，所以强调整体 – 分裂的二元关系，完整性是在这样一种矛盾关系中才能够获得的。客观 – 主

---

① 马克思：《关于伊壁鸠鲁哲学的笔记》，载中共中央马克思恩格斯列宁斯大林著作编译局编译《马克思恩格斯全集》第四十卷，人民出版社，1982，第 136 页。

观、能动－被动、外在形式－内在生命、普通竖琴－风神琴，都构成一组组相互制约和互动的关系。或许还是汤因比（Arnold Toynbee，1889—1975）的追问更加直接："生命分化为不同的物种，造成一些物种之间的竞争和另一些物种之间的合作。这两种相互对立的关系，哪一种是自然的最高法则？在无意识的物种之间，合作和竞争都不是出自有意的选择。但对于人来说，选择是有意的，人能够意识到是非善恶之间的区别与对立，人类的选择与此紧密相关。这种道德判断显然是人所固有的自然本质，其他非人类物种则不具备。"① 这里的问题，既关系到具体的自然界生存，同时也指向了人类的生命伦理和道德观念，具有很强的现实意义。但说到底，它们仍脱不出马克思所规定的那个整体性的哲学。可如果世界本身就是破裂乃至支离破碎的物体，哲学真的能还我们一个完整系统的整体？物种之间的关系、物种内部的关系、个体与个体之间的关系，究竟该如何放置或设计，才更符合原初的那个大道之意？

或许还是如马克思所说的："极为相似的事情，但在不同的历史环境中出现就引起了完全不同的结果。如果把这些发展过程的每一个都分别加以研究，然后再把它们加以比较，我们就会很容易地找到理解这种现象的钥匙；但是，使用一般历史哲学理论这一把万能钥匙，那是永远达不到这种目的的，这种历史哲学理论的最大长处就在于它是超历史的。"② 也就是说，在马克思看来，总结历史哲学理论就是为了给历史现象的发展总结规律，并进而用这种规律性的东西来指导和理解实践。

---

① 汤因比：《人类与大地母亲》，第 3 页。

② 马克思：《给〈祖国纪事〉杂志编辑部的信》（1877 年 11 月左右），载中共中央马克思恩格斯列宁斯大林著作编译局编译《马克思恩格斯全集》第十九卷，人民出版社，2006 年第 2 版，第 131 页。

三、中国思维模式的"二元表象"与"一元三分"意义：以"天演论"与"互助论"为例

对于中国人来说，虽然也有着二元思维的传统，但其核心是"一分为三论"。《系辞上传》开篇的一段话非常值得揣摩："天尊地卑，乾坤定矣。卑高以陈，贵贱位矣。动静有常，刚柔断矣。方以类聚，物以群分，吉凶生矣。在天成象，在地成形，变化见矣。是故刚柔相摩，八卦相荡，鼓之以雷霆，润之以风雨。日月运行，一寒一暑。乾道成男，坤道成女。乾知大始，坤作成物。乾以易知，坤以简能。"[①]这也是一种二元思维，但可贵则在于，中国人并非到此为止。钱穆曾强调："文化异，斯学术亦异。中国重和合，西方重分别。"[②]而相蓝欣则进一步指出："西方岂止是重分别，而是重对立，重斗争。这源于基督教文化的'二元主义'（dualism），即将任何事物都看成是两个性质相对的实体组成，如善与恶。二元主义认为两个实体一正一反相斗，乃人类'进步'的唯一途径。中国人则相反，认为正反之间本身便有合或相互包容，并不以'斗'为任何事物发展的原动力。比如中国人不会为了强调男女的不同而臆造出男为'非女'或女为'非男'的概念。乾道成男，坤道生女，天经地义，没有蓄意制造的概念混乱。二元主义则强调有甲必有非甲，两者相斗，产生乙，并照此规律无限进行下去。"[③]

---

① 周振甫译注《周易译注》，中华书局，1991，第229页。
② 钱穆：《现代中国学术论衡》，生活·读书·新知三联书店，2001，序第1页。
③ 相蓝欣：《传统与对外关系——兼评中美关系的意识形态背景》，第13页。

也就是说，大家都认同"二元思维"的基本模式，但区分点则在于如何处理"二元模式"。西方似更强调一种"非此即彼"、"斗争相生"（竞争生存）；而东方则强调"相互转化"、"互助共存"。一个比较好的例子，或许可以取来近代中国史上极为显赫的两种观念，"天演论"与"互助论"当时的影响均甚大。但如果深入底里去探究之，这两种思潮实际上是由非常不同的思维方式所决定的。严复强调的天演论，源自达尔文的生物进化学说，后经斯宾塞等引入人类社会，其本质是"弱肉强食"的丛林规则，在这样一种逻辑结构中，西方的二元论得到一种非常极端化的表现。而李石曾特别强调的互助论（mutualaid），也就是说不但有强权，更须讲公理，此说源自克鲁泡特金，实际上自蒲鲁东以来，已成为西方思想的一种颇强势的潮流。对于这两种学说，有论者在事隔多年后如此评论道："物竞天演，优胜劣败，并没有错，不过只是社会学的一个极端而已。正如道德互助的原则，是另一极端那样。反对者企图全盘否定，终于不能自圆其说。"[①] 这两种学说在现代中国语境里也成为一种二元表象，即蔡元培在《五十年来中国之哲学》一文里所总结的严复、李石曾对立的现象："《天演论》出版后，'物竞'、'争存'等语，喧传一时，很引起一种'有强权无公理'的主张。同时有一种根据进化论，而纠正强权论的学说，从法国方面输进来，这是高阳李煜瀛发起的。"[②] 可如果论及在社会文化场域里，这两种学说究竟谁胜谁负，就很难说了。因为一方面是严复所倡言的"天演论"很有市场，在现实政治场域运作和起作用的似乎都是这种弱肉强食的"暴力最强者胜"元规则；但另一方面却是有理想主义者在坚定不移地奉行"互助论"的立场，虽九死

---

① 张中晓：《无梦楼随笔》，路莘整理，上海远东出版社，1996，第9页。

② 蔡元培：《五十年来中国之哲学》，载蔡元培著《中国伦理学史》，东方出版社，1996，第126–127页。

而犹未悔，如张静江对蒋介石的抗争与执着于建设事业、李石曾的教育文化活动等都是很好的例子。所以它不是一个绝对的二元对立，而是一种"两仪生成"，并进一步融化到中国传统思维的"一元三分"境地中去，这且容细究，此处不赘。

就西方本身的接受史而言，以斯宾塞为代表的进化论思潮在欧洲并不受欢迎，反而是在新大陆的美国大行其道。相反，互助论的创立者是克鲁泡特金，而此理论得到发扬则在法国等地。这两类思潮实际上是"西方－东方"思维模式的对峙，"二元对峙"是一种客观存在，无足否认。只不过，西方的"二元论"更多地看到的是一种相互矛盾、冲突、对立乃至你死我活的关系，所以它会有一种普世真理在手的自命不凡；而东方则不然，它虽然也认识到事物的两面性（包括矛盾性、对立性），但却强调两者的相互联系及相互影响、渗透乃至转化的可能。在东方的核心子文化中，没有一种文明是以暴力为护法而凌驾于世界的：中国人虽然也标榜"天下"的概念，但那是一种君临天下的"仁义"统治；而印度人则在历史上多次被外族入侵乃至统治。与欧洲最相临近的是伊斯兰文化圈，无论是波斯帝国，还是奥斯曼土耳其帝国，乃至阿拉伯帝国，其帝国思维模式也都与西方人不尽相同。对于东方国家来说，和合是一个很重要的概念。那么，我们要追问的是，和合的意义究竟何在？和合的关键就在于由二生出了三。

程抱一也认为西方的基本思维方式是主体与客体的"二元对立"，但他强调中国是一元到三元，守中（中庸之道）是要则。前者可举亚里士多德为代表（对主体观念可追溯到柏拉图），后者则从老子到孔子是相通的[①]。这一思路很有启发性，但仅讨论中西之别恐不尽全面。对于"三"这一数字概念的崇尚，并非中国人独一无二的特征。黑格

---

① 陈彦：《生命、激情与中西文化对话——法兰西学院院士程抱一访谈》，《文景》2004 年第 5 期。

尔就认识到印度人的"尚三":"印度人在他们的观察意识中认识到凡是真实的与自在自为的就包含三个范畴,并且理念的总念是在三个环节中得到完成的。这个对于三位一体的高卓的意识,我们在柏拉图和其他人的思想中也再度看到。"① 所以,这一"尚三思路"很可能是具有人类共性的东西,而并非仅是基督教神学中古以后的"三位一体"的问题。其实,早在古希腊时代,亚里士多德已经意识到三分思维的意义:"有三种品质:两种恶——其中一种是过度,一种是不及——和一种作为它们的中间的适度的德性。这三种品质在某种意义上都彼此相反。"② 他所总结的中道意识是在道德德性方面的"恰到好处",因为"德性是一种适度,因为它以选取中间为目的"③,所以,这样一种"一分为三"的思维意识是意义重大的,但也绝不是仅仅到此为止。亚里士多德虽然有了这样非常深刻的认识,但从本质上并未摆脱西方二元论根深蒂固的影响。譬如说,他认为三者之间彼此相反,又是以二来规定三,还是不脱二元论的基本思维制约。就现代而言,则孔德(Auguste Comte,1798—1857)采取明确的实证主义立场,他将人类理智的发展分为三个阶段,即神学阶段、形而上学阶段、科学阶段④。第一阶段诉诸主观的情感倾诉;第二阶段则为形而上学的归纳思维;第三阶段是实证的科学思维⑤。

所以,"一元三分"论的主导型国家,还是中国。因为,在中国思维之中,若干原典都涉及这一问题。《老子》说:"太初有道,道生一,一生二,二生三,三生万物。"(《老子·四十二章》)为什么不

①　黑格尔:《哲学史讲演录》第一卷,贺麟、王太庆译,商务印书馆,1959,第142页。

②　亚里士多德:《尼各马可伦理学》,廖申白译,商务印书馆,2003,第53页。

③　同上书,第47页。

④　奥古斯特·孔德:《论实证精神》,黄建华译,商务印书馆,1996,第2页。

⑤　参见石中英:《知识转型与教育改革》,教育科学出版社,2001,第42页。

是一，不是二，也不是四、五、六……，那还是有很深层的原因的。《周易》则谓："易有太极，是生两仪。两仪生四象，四象生八卦。八卦定吉凶，吉凶生大业。"（《系辞上》）这段论述从表象看去，并非是一分为三的思路，而是二元论结构，太极—两仪（阴阳）—四象（四时）—八卦（天地山泽雷风水火）。但必须追问的是：太极何在？如此则不得不注意微言大义处："乾坤，其易之蕴邪？乾坤成列，而易立乎其中矣。"（《系辞上》）也就是说，太极（易）是蕴藏在两仪（乾坤）之中的。也就是"一藏于二"，"一变为三"。所谓"太极的一，是宇宙之三以一的形式表现；两仪的二，是宇宙之三以二的形式表现。宇宙始终都是三的"①。此诚的论，三是由太初而来的最核心和枢纽性的环节。最后的发展策略，则是"过犹不及"，中庸之道得以发明，即在适度的（或曰黄金分割点）分寸上去把握这个三的位置。二是表象，三是实质。故此在二元之中，应注意到："任一事物的两个方面，不仅是对立着的，而且还是同一着的。正是同一，为对立提供了基地；一如对立为同一提供了内容一样。离开同一的对立，和离开对立的同一一样，本是不存在的。"②所以，尤其应当注意的是，表象为二、实质为三，中庸的功能绝不仅是庸俗化的调和，而是统合作为阴阳二极的二，由三而归一。一分为三、三分归一。应该是这样的一个过程。这一点，孔门之说要比亚氏之理更为精细。

---

① 庞朴：《一分为三论》，上海古籍出版社，2003，第71页。作者继续解释道："两仪生四象的情景，是太极生两仪的进展和重复。这时候，两仪就是一，有如当初的太极；四象就是二，有如当初的两仪。因而四象作为一个整体看，也是三。其他四象生八卦，八卦定吉凶，吉凶生大业，都应作如是观，都可看成是由一生为二、二中内藏着一的三。至于它之或为自然界或为社会界，在这里，不过是形式上的差别而已。"

② 同上书，第4页。

四、和、同与中道思维：
认知史的意义揭示与二元论的多重阐释

对和与同的问题，晚周之际就有讨论。顾颉刚则总结得更精到："和，矛盾之统一体也。实为推进社会进化之动力。"[①]这是一个相当有高度的见地，即"和"实际上是一种更高层次的"一"，是在二元结构达到某种统一之后的那个"一"的境界，或者用马克思的话来说就是一个"更高的一"。这里其实也涉及一、二、三相互作用、变化、生成的关系问题，说到底是一个发展、组合、变化、生成的新的过程："一"—二重性（阴–阳、矛–盾）—"更高的一"。当然这个二重性的关系是最复杂的，按照老子的思路，至少还有一个二化为三的过程，三生万物，万物复归一。所以，我们必须讨论这个"三"的生成的问题。通过以上分析，我们已经可以感觉到，虽然东、西方文化的本质定位不同，但在追求同一之真的问题上有异曲同工之妙，正如自然科学的世界没有第二种标准一样，如果有一种基本真理存在，它并不会因为文明的异质性而改变"上帝的规则"。但如果就此轻易地推论出应该依据某种文明的成就而形成文明世界的"统一律"，也一样会有问题。譬如西方化的基本观念有这样一种表述：

> 西欧和英语世界取得的成就的水平和制度——即取得了什么成就以及取得这些成就的方法——是具有普遍适用性的。他们从这个观点出发，推论其他社会如果想要赶上西方，不仅应当采用

---

① 顾颉刚：《和与同》，载《顾颉刚学术文化随笔》，中国青年出版社，1998，第362页。

西方的政治制度，而且应当采用西方的社会、经济和宗教等
制度。①

这里有几个关键点值得注意：一是西欧和英语世界构成了一个
整体性的"西方"；二是物质成就和制度基础的关系，即西方的成就，
是由制度来决定的，而这种制度的世俗成功性值得向世界推广，成为
一种典范；三是制度是一个整体，政治、社会、经济甚至宗教制度是
配套的，如果说前三者还基本处于一种具体适用范围的层次，那么加
上了作为信仰的宗教，则意味着制度可以上延包容到文化观念层面。
说到底，无论在器物层面的经济、社会，还是在具体制度层面构建中
发挥重要作用的政治，乃至于影响到最高端的文化层面的意识形态的
宗教，都应该以西欧和英语世界的西方标准为尺度或范例。这种路径
不仅导致了现实政治和场域运作的极大问题，而且在思维方式上也具
有明显之缺陷。因为它基本上就是一个一元论思维，以自我为中心出
发点。

如果说"二元—三元"结构是一个基本形态的话，那么"和"又
回到了一元，"三元——一元"的这个过程，是辩证法的要义所在，也
就是马克思所说的那个"更高的一"。但这种"更高的一"应当是通
过二重性来产生的。试问西方化的这种思维方式，怎会让我们见出那
个对"二"的尊重来？其实无论是东方人的实际作为，还是西方路径
本身发展的事实，都显示出这种"客观二元论"的必要性，但他们并
未能够在自己的元思维模式上展开深刻的反思和清理。当然东方人在
进入近代以后的实际表现，即在坚船利炮与暴力为王原则下所主导的
世界进程中，确实溃败不成军，也让西方人难以真的重视这群"失败
者"的文化。但必须指出的是，制度精英和知识精英是不一样的，即

---

① 西里尔·E. 布莱克编《比较现代化》，杨豫、陈祖洲译，上海译文出版社，
1996，第4-5页。

便就西方自身来看，最优秀的知识精英人物也都非常深刻地认识到汲取东方文化资源的重要性，并身体力行，尤以欧洲知识精英为代表。

我在谈论"中道思维"时，拟订了这样几层意义：一是源自中华，其根本则在《易经》，易道广大，无所不包；二是老子之道，即"道可道，非常道"，或曰"道冲，而用之或不盈"，乃是指具有抽象哲学概念的那个"道"；三是中庸之道，孔子云"极高明而道中庸"。程子谓"不偏之谓中，不易之谓庸；中者，天下之正道，庸者，天下之定理"。所谓"中也者，天下之大本也；和也者，天下之达道也；致中和，天地位焉，万物育焉"。而又谓"君子尊德性而道问学，致广大而尽精微，极高明而道中庸"。而落实得更具体些，就是"过犹不及"，就是"折中而取"，但这并非乡愿式的"风头草，两边倒"，而是在理解认知之后的驾乎其上。

不仅中国人有中道思维，古希腊人也有中道意识，亚里士多德提过"三种品质"的概念，即过度、不及、作为它们的中间的适度的德性。他强调的中道意识是在德性方面的"恰到好处"，因为适度的德性以选取中间为目的。可是否我们就应该认为亚里士多德已具有了中庸的思想？有这样几点值得注意：一是在亚里士多德思想体系中，中道意识并没有占据核心地位；二是他实际上也还没有上升到方法论的高度来认识"中道"问题，这不仅是一个品质的问题，更是一种思维方式的问题；三是这种源自古希腊的"中道意识"，似乎并没有在西方传统中产生重大影响。而且从本质上来说，亚里士多德的"中道意识"仍受制于那个"逻各斯"的思维方式，即他所谓"实践的逻各斯的性质"[1]。而我所强调的歌德、席勒那代人（资鉴古希腊）发明出的"古典图镜"观，乃是针对启蒙理性（接续逻各斯传统）、浪漫情径（接续秘索思传统）两大思想史路径之外的第三条路径（可称之为

---

[1]　亚里士多德：《尼各马可伦理学》，第 37 页。

"中道思"）。这是在接受中国思想启迪之后，在西方历史语境与传统
中重新生发的具有创新意识的思维方式。

而在中国，这显然是不一样的。从老子到孔子，"中道思维"一
直占据着思想的核心地位，孔子继承前人的优良传统，将"中道思
维"总结为"中庸之道"，在理论上给予非常充分与全面的阐发，并
由此而极深刻地影响了中国思想史。中道思维有着非常重要的思想史
意义，这不仅意味着我们可以以自己的独特的文化身份和原创之思进
入世界思想的凌烟阁而无一丝愧色，甚至可以为世界贡献出真能"存
和求同"、"走向大同"的良药方剂。而其最根本之功用，仍在调和
"东"与"西"。在我看来，世界理想的真正实现，除了欧洲知识精
英所留下的宝贵遗产，譬如世界文学、世界历史、世界市场、世界公
民、世界心灵等等概念之外，必须寻找到真正能进行制度构建，即指
向世界政府的那种具体调节器，具体言之，就是如韩愈－朱熹路径
的调和儒佛。而最根本的，仍在东西方之间的思想交流。这必须经过
一个较为漫长的过程，或许还是像歌德写的那首诗一样：

> 东西两大洲，
> 不能再分离了，
> 谁是多识的人们呀，
> 应明白这些吧！
> 两世界互相研究，
> 即是我的希望；
> 东西互相连联，
> 也是我的希望。①

---

① 卫礼贤：《歌德与中国文化》，温晋韩译，载周冰若、宗白华等编《歌德之认
识》，第 259–260 页。

　　在这里，歌德显然意识到东西方文化交融的必要性、必然性，他会如此敦促彼此的了解、认识和研究，就是因为他意识到这样一种人类自我的"二元相合"具有极端的重要意义；而其寄希望于所谓的"多识之士"，那就是人类的精英人物，应当对这种人类使命的承担有所自觉，不在于彪炳千秋，而在于默默行路，推动彼此沟通、互动、创化的形成，其本质仍在于使人类文明合二归一，使东西方形成一种乾坤就位的态势。而马克思的共产主义，其实也表现出一个核心概念，就是"共"，要想"天下与共"，必须"天下大同"，故此"求同"乃是世界走向的不二之路。但这种"大同"显然不是定于一尊的独霸甚至独裁，而是符合最大多数人利益的大原则、大方向之求同。如此，理想中的世界政府或世界制度才有一个多元共享的基本空间、理念和原则。

　　如此，则中道思维当是符合易经理数的一个最佳方式。具体言之，则"矛盾相和"、"趋异求同"乃不二法门，而其根本思路在于中道思维。这其中，我们需要承认二元是构成事物的基本结构。但仅停留在这样一种层次不行，我们一定要援入一分为三的思路，强调由二生三，所以在矛盾二元之间要努力开出第三维，在这里就是"和"；同样，矛盾二元的发展必然出现差异，但这种差异不是问题所在，而是要在把握存和求同的过程中充分体现这种差异，因为只有差异才可能保持个性，保持适度竞存的状态，也才可能葆有创造力，但趋异的最终的目的也是在二元三维的基础上开出新的一元来，这就是"求同"。而这样一种"求同"的目标也就可能是我们作为寻路者在追求的"真"的标的。说"真理"或许过于拔高，但那个事实上必然存在的"真"应当是我们"求同"的目的所在。从歌德到马克思，给我们展现的这种求真之思，应当是与人类文明史上的那些一流精英都相一致的。

第八章 结 论

一、思脉结构与现代性

从歌德到马克思，是一条非常有特色的思想史线索，这不仅意味着"文"与"学"之间的张力，知识与政治之间的链接，也还有诗人宰相与学者政治家的难以调和的鸿沟。

歌德相对容易获得的"留法博士"头衔，恐怕不能将之简单等同于后世的留洋镀金。我这里更关注的，倒是歌德借助这样一种求学的过程，究竟形成了一种怎样的世界观或"世界意识"？在我看来，"世界意识"是一种重要的标准，它使得作为个体和具体生存语境中的人超出狭隘的集团利益范围，而能思考更广阔空间的使命和责任，这就是以人类为家、以举世为国，这是一种对通行的民族国家概念的质性超越。

而对马克思来说，他以一种高度智慧但又不乏激情的思考，完成了人类文明史上最具革命性的理论基础。在席勒，也很奇怪，早期以感情挥洒、追求个性始，然却始终不能对理性去怀。狂飙突进之后沉入史学，而后又迅即归依于康德哲学，但最终并未选择康德的"启蒙理性"路数。我们仍然要回归到西方文明的整体框架中去，也就是要在"秘索思－逻各斯"的二元框架中来考察歌德、马克思的位置和意义。

歌德的身份太过复杂，又曾为高官，又曾为叛逆。至于在广义的文化范围内更是一身多任，或为诗人，或为戏剧家，或为小说家，或为思想家，甚至还是科学研究者，但归根结底，作为知识人的歌德，才是他的原象。知识人的本分，在于能够在制度性规训的背景中不失掉自己的本性，在广泛的阅读和探究过程中确定自己的知识根据地，认真扎实和锚铢积累地建筑自己的知识宫殿，并且以此为圆心不断地扩张自己的知识域，在标的上则将求知和寻道的过程紧密地结合在一起，并始终不懈地向着自己的目标前进。这样的人，才能够当得起知识人的称谓，能够不在时代发展的功利世俗之风气中迷失了自我与方向。

歌德的生命历程，有着太多可圈可点的亮点和精彩，我们此处仅从德国古典时代文化场域的考察出发，选取城市沙龙及歌德议题为中心来略观风景。18、19 世纪之交的柏林，虽然仍无法与作为欧洲中心的伦敦、巴黎相比，但在德意志诸邦之中，仍是毫无疑问的中心城市。不仅因为德意志诸邦中最强盛的普鲁士定都于此，也还因为其相对丰富热闹的文化活动。其中，就包括拉赫尔夫人（Rahel）的沙龙。她是一名犹太商人的女儿，姿态优雅，颇有教养，如同一位"优雅的贵夫人"。这位"柏林的小妇人"看似弱不禁风，但却影响甚大。奠立现代德国精神的那批重要人物，都借她的沙龙活动，得以思想远播。

在 1796—1806 年间，大致是歌德与席勒携手共创辉煌的古典时期，也是拉赫尔夫人的沙龙的第一个辉煌期。那代思想的精灵们出于对费希特与歌德的共同热情而被拉赫尔的沙龙紧紧地吸引住了，使之

成为浪漫派的重要活动地点。作为组织者与主人的拉赫尔，也是一个
思想的探索者。她对费希特与歌德都景仰不已，而对这两位哲人的态
度则随时代发展而变化。她对歌德有一种接近古典的"爱"：

> 歌德的一部新书对我是一份佳肴，是一位可爱的、可尊可敬
> 的客人，为我打开了通向未知而又充满了光明的新生活的大门。
> 他伴随我走过我的一生；我对他的王国有合法的占有权，他是我
> 惟一的、我最忠诚的朋友，是我的救命石，把我从与魔鬼一起消
> 磨的一生之下拯救出来；他是我的领导者，是慰藉我的朋友，因
> 为我知道了他所知道的那个地狱。我是随着他长大的，分别了
> 一千次之后我总是又能找到他。我不是作家，我永远无法表达他
> 对我是什么！①

这个奇特的犹太妇人，对于歌德艺术世界中对古典的复归，似乎
有一种天然的亲近与理解。她对《威廉·麦斯特的学习时代》与《塔
索》显然情有独钟，她似乎能通过这些人物窥视到歌德的内心深处，
彷徨、焦灼然而又决不放弃探索的步伐。然而，政治与社会的现实一
面，似乎逼迫她不得不迅疾地从艺术的理想世界中走出来。1806 年
10 月 14 日，耶拿与奥尔施塔特之战，拿破仑大破普鲁士军，民族危
机迅速席卷了德意志。虽然，拉赫尔对费希特的"绝对自我"早就有
所共鸣，但亲耳聆听这位民族哲人的慷慨讲演，仍然大不一样。1807
年年底，费希特在法军的占领之下，公开发表演说，是为《对德意志
国民的演讲》。

在那样一个年代中，费希特在柏林，歌德在魏玛，席勒在耶拿。
应该说，这些不同的城市，不管是大是小，不管著名与否，都上演了

---

① 转引自瓦·托尔尼乌斯：《沙龙的兴衰——500 年欧洲社会风情追忆》，何兆武
译，世界知识出版社，2003，第 300 页。

极为精彩的活话剧。因为他们作为德意志民族最优秀的知识精英，以自己的文化生命为这个民族留下了最为灿烂光辉的瞬间。而歌德那代人最重要的贡献，就是德国文学史中的"民族确立"。在 18 世纪的德国文学史中，克洛卜施托克、莱辛、维兰德（Christoph Martin Wieland，1733—1813）都贡献甚大，尤其是莱辛，但"他们之中没有一个人能够明确地表现出他们的民族和时代的本质"①。这一任务是由歌德与席勒来共同完成的。所谓"每一个民族都会有一个纯是文学的时代，它逐步地为人的精神在其他比较广阔的领域的发展作好准备；对德国来说，这一时代大约是在七十年代到来的"②。这里所指显然是发生于 1770—1780 年代的狂飙突进运动，但这一形式上的运动，却从属于一个更大的框架之中，即"德意志民族史诗构建"的年代。歌德与席勒从事"德意志的民族史诗"的尝试，是德国文化史上的经典事件，其意义极为深远："歌德与席勒的接触对德国文学具有决定性的影响。两人的合作不仅仅是对德国文学发生了极重要的作用，并推动德国民族的发展，因为这是在一个民族消沉的时期，……这时最优秀的德国人充满着高傲和信心，所能仰望的就是那些人物，这些人用一部又一部的伟大的精神与艺术的杰作丰富了德国民族文学的遗产。在对这些人和创作的敬仰惊佩中增强了民族的自尊心，种下了反抗外国统治和最后 1813 年至 1814 年解放战争胜利的种子。"③ 如果从一个更加宽泛的意义上来说，这一时代从 1770 年代就已经开始了，不过那时还是预备期。而"史诗构建"与"民族确立"，在德意志，是紧密相连的。

① 屠格涅夫语，参见冯春选编《冈察洛夫、屠格涅夫、陀斯妥耶夫斯基、柯罗连科文学论文选》，上海译文出版社，1997，第 109 页。
② 同上。
③ 汉斯·玛耶：《席勒与民族》，载《宗白华全集》第四卷，安徽教育出版社，1994，第 78 页。

所以"歌德是个德国人——十七世纪的德国人，宗教改革运动的儿子；其伟大之处正在于：他的民族的一切企望、一切心愿都能够不无效果地反映在他的身上"[①]。而"《浮士德》是一部纯粹的人的作品，说得正确一点——是一部纯粹的利己主义的作品"[②]。这番评论或许过于尖刻，我倒宁愿用反映"个体空间"来表述。在歌德的两部巨著中，《浮士德》凸显的是"个体空间"，《麦斯特》更关注"市民社会"，两者正可成互补掎角之势，不可孤立评判。但对"政治国家"问题，歌德似乎始终没有给予正面的回应。这当然与歌德的生性有关，屠格涅夫的这段评价可谓知己：

> 他主要是一个诗人，单一的诗人。按我们的意见，这是他的伟大之处，也是他的不足之处。他具有洞察一切的天赋；世上的一切都能够朴实、敏捷、正确地反映在他的心灵之中。他在自己身上把热情和大胆追求的本领同不断观察自己的情感，并且下意识地对其进行艺术审视的才能结合了起来；把极为丰富和敏感的想象力同健全的理智、恰当的艺术分寸，以及对和谐一致的想望结合了起来。他自己就是一个整体，就如常言所说的那样，是用整块材料铸成的；在他那里，生活和诗没有分裂成两个单独的世界：他的生活就是他的诗，他的诗就是他的生活……[③]

这种将诗与生活合一的理想境界，可能永远是诗人的一种理想幻境，永远不可能达到。屠格涅夫"心向往之"，并将之以歌德典范的形式确立起来。事实上，歌德也不可能达到这样的理想境界，就如

[①] 屠格涅夫语，参见冯春选编《冈察洛夫、屠格涅夫、陀斯妥耶夫斯基、柯罗连科文学论文选》，第 113 页。

[②] 屠格涅夫语，参见同上书，第 114 页。

[③] 屠格涅夫语，参见同上书，第 112 页。

他们将"古典希腊"作为尊神巨佛一样。但从另一个角度来说，如果说在人类历史上，有什么样的伟人曾最接近于这样的和谐理想之境的话，可能唯有歌德。所以，我说歌德最伟大的地方，是他所开辟的"古典图镜"路径，即在德国思想史普遍的浪漫－启蒙思脉二元结构中，新开出了第三条路径，也就是折中的古典思脉。这显然并不符合启蒙思脉浩浩荡荡的席卷之势，也不可能获得登高一呼应者云集的实际效果，但却是为人类开太平的沉思之答，也是应对西方现代性命题的一条可能更有效的路径，甚至更可能为具有普遍意义的现代性架构提供解决方案。然而，能欣赏歌德作品者众，能推崇歌德诗性哲学者亦不少，而真能体会歌德诗思为万世开太平者，又有几人？呜呼歌德，其于地下起之而慨无高山流水之知音耶？

二、经济基础与资本认知

马克思作为一个大学者，最重要的标志性成果就是《资本论》，在这部皇皇巨著中，马克思以其敏锐的眼光和艰苦的工作，似乎寻到了资本主义社会的根源所在。其实，资本问题并非现代社会所独有，只要是文明社会就可能存在资本问题。可问题在于，从资本到资本主义，有一个发展的逻辑链条，它为什么能够在制度意义上形成一个坚不可摧的世界性制度？这才是真正值得追问的问题。有论者明确指出："在资本主义胜利复兴——并且，它确实已经扩展到全世界——之际，一个被证明正确的思想家就是卡尔·马克思。不仅如此，1917年十月革命开辟的社会主义实验的终止，不仅不会使马克思感到痛苦，反而使他感到高兴，如果他有在天之灵的话。实际上，如果要在市场与政府谁将主导经济之间进行选择，当代自由主义者会与当代社会主义者一样会惊奇地发现，马克思站在市场的一边。"① 资本主义是否复兴，暂且不必忙着盖棺论定，因为历史仍在进程之中，有着太多的不确定性因素；但至少有一个事实可以承认，就是资本主义至少在短期内看不到灭亡的迹象，虽然大家越来越意识到资本对人类的戕害之危。马克思当然是能深入洞察到资本危害的那种先知先觉的人物，但这种洞烛能力其他伟人也有，比他更早的，像歌德、席勒都已经明确了机器大生产将终结人类的田园牧歌式生活。马克思的可贵，则在于他以一个学者的严肃态度，认真地进行了学术性的研究，并且由此进入了现实的政治场域并发挥影响力。这就涉及关键性的制度设定问题：在中层向下的经济制度方面，计划经济、市场经济之间究竟何择？确实是一个关键性问题。而马克思强调必须在发达成熟的资本主义基础上才能去发展共产主义，如此资本主义的发达反而成了达到共产主义理想不可或缺的手段了。这是明显的一个目标、手段悖反问题。不过，这里，我们还是首先关注资本语境中的核心概念——货币。

　　货币与资本的关系是特别值得辨析的，马克思讲得很清楚："商品流通是资本的起点。商品生产和发达的商品流通，即贸易，是资本产生的历史前提。世界贸易和世界市场在 16 世纪揭开了资本的现代生活史。"② 这里很关键的一点是，物质的移动性对资本形成至关重要。商品作为资本家投资的对象，它必须产生物质位移，才能够促成资本的产生。资本并非只是在近代才产生的，但其繁荣确实是在世界贸易和世界市场的刺激之下所发生的。那么，为什么近代之前没有，而近代以后才出现了资本的繁荣？在马克思看来，这与任何社会发展

------

　　① 梅格纳德·德赛：《马克思的复仇——资本主义的复苏和苏联集权社会主义的灭亡》，汪澄清译，中国人民大学出版社，2006，第 3 页。

　　② 马克思：《资本论》，载中共中央马克思恩格斯列宁斯大林著作编译局编译《马克思恩格斯选集》第二卷，人民出版社，2012 年第 3 版，第 156 页。

中的关键因素——人有关，于是他形象地描绘了资本家的形成过程：

> 作为这一运动（指资本运动，笔者注）的有意识的承担者，
> 货币占有者变成了资本家。他这个人，或不如说他的钱袋，是
> 货币的出发点和复归点。这种流通的客观内容——价值增殖——
> 是他的主观目的；只有在越来越多地占有抽象财富成为他的活动
> 的唯一动机时，他才作为资本家或作为人格化的、有意志和意识
> 的资本执行职能。因此，决不能把使用价值看做资本家的直接目
> 的。他的目的也不是取得一次利润，而只是谋取利润的无休止的
> 运动。①

这段需要特别注意，因为正是通过这样的一个过程，资本家产
生了。趋利是很正常的现象，这在任何一个社会中都是存在的，甚
至可以被认为是任何人乃至生物存在的基本前提。但从趋利到逐利乃
是一个本质性的改变，如果说趋利有一限止度，即以追求必要的生
存物质条件为满足，而逐利则舍本逐末，关注的不是获得利益给人带
来的生存条件的改善，而是追求利益甚至财富、货币本身，这意味着
对于利益无止境的追求，这是一重价值标准上的重大改变。那么，是
否存在另一个标准来平衡之？因为道理很简单：如果不能达到一种平
衡，就必然如同西方元思维的二元论本质一样，向一个极端发展，物
极必反。资本主义制度在当代越来越展现出的窘境似乎正说明了这
点。资本家虽然也有做到极大而将之归还于社会的（如盖茨、巴菲特
等），但更多地似乎是出于个体的善心而非资本运作本身的规律。支
配这个社会运行的，仍然是无休止逐利的资本原则。而这种不计一切
代价逐利的原动力，则必然导致对暴力的泛滥性使用。马克思做了这

---

① 马克思：《资本论》，载中共中央马克思恩格斯列宁斯大林著作编译局编译《马
克思恩格斯选集》第二卷，第 158-159 页。

样一番比较，特别强调了暴力的关键性作用："在真正的历史上，征服、奴役、劫掠、杀戮，总之，暴力起着巨大的作用。但是在温和的政治经济学中，从来就是田园诗占统治地位。"[①] 这里揭示了真实和表象的差距，道出了一切规则的元规则——暴力最强者胜！而且还补充了一个侧面，后来者读到的总是美丽的田园诗！可实质却是，"原始积累的方法可以是其他一切东西，但绝不是田园诗式的东西"（In der Tat sind die Methoden der ursprünglichen Akkumulation alles andre, nur nicht idyllisch）[②]。

这其中最关键的一个因素是，资本关系是如何形成的？归根到底，"资本主义社会的经济结构是从封建社会的经济结构中产生的。后者的解体使前者的要素得到解放"[③]。这就逐渐涉及问题的根本了，就是说封建社会的颠覆乃是资本主义形成的必要条件，没有前者的覆亡，后者不可能得到基本发展的前提。因为，"创造资本关系的过程，只能是劳动者和他的劳动条件的所有权分离的过程，这个过程一方面使社会的生活资料和生产资料转化为资本，另一方面使直接生产者转化为雇佣工人。因此，所谓原始积累只不过是生产者和生产资料分离的历史过程"[④]。这是资本主义形成的关键所在，因为任何一个社会缺乏其主体是不可能生成的。而对于资本主义社会来说，其实是双重主体，一为少数人作为主动力的资本家，另一则是多数人作为被动力的工人。具体论述之，则是："使生产者转化为雇佣工人的历史运动，

---

① 中共中央马克思恩格斯列宁斯大林著作编译局编译《马克思恩格斯全集》第二十三卷，人民出版社，1972，第 782 页。

② 参见中共中央马克思恩格斯列宁斯大林著作编译局编译《马克思恩格斯全集》第二十三卷，第 782 页。此处作者根据德文原文自译，略有出入，德文见 Marx: Das Kapital. Marx/Engels: Ausgewählte Werke, S. 4376 (vgl. MEW Bd. 23, S. 742)。

③ 马克思：《资本论》，载中共中央马克思恩格斯列宁斯大林著作编译局编译《马克思恩格斯选集》第二卷，第 291 页。

④ 同上。

一方面表现为生产者从农奴地位和行会束缚下解放出来；对于我们的资产阶级历史学家来说，只有这一方面是存在的。但是另一方面，新被解放的人只有在他们被剥夺了一切生产资料和旧封建制度给予他们的一切生存保障之后，才能成为他们自身的出卖者。而对他们的这种剥夺的历史是用血和火的文字载入人类编年史的。"[1] 我们可以清楚地看到，这样一种社会制度的结构性改变，是通过无数个身在其中的个体付出惨痛的代价和重大改变来实现的。从货币走向资本的过程，说到底还是一个充满了血腥的原始积累过程。要知道，"在原始积累的历史中，对正在形成的资本家阶级起过推动作用的一切变革，都是历史上划时代的事情；但是首要的因素是：大量的人突然被强制地同自己的生存资料分离，被当做不受法律保护的无产者抛向劳动市场。对农业生产者即农民的土地的剥夺，形成全部过程的基础"[2]。说得再简单不过，农民失地是根本原因，而且"法律失效"。如此农民也才有可能将自己变形，变成自卖自身的自由劳动者，即工人。可这还只是一种表象，其本质则是，"资本主义制度却正是要求人民群众处于奴隶地位，使他们本身转化为雇工，使他们的劳动资料转化为资本"[3]。这样一种制度设计的阴暗与卑劣，真是罄竹难书。所以，对资产阶级的血腥积累过程，马克思毫不留情地揭露道："掠夺教会地产，欺骗性地出让国有土地，盗窃公有地，用剥夺方法、用残暴的恐怖手段把封建财产和克兰财产变为现代私有财产——这就是原始积累的各种田园诗式的方法。这些方法为资本主义农业夺得了地盘，使土地与资本合并，为城市工业造成了不受法律保护的无产阶级的必要供给。"[4] 归

---

① 马克思：《资本论》，载中共中央马克思恩格斯列宁斯大林著作编译局编译《马克思恩格斯选集》第二卷，第 291 页。

② 同上。

③ 中共中央马克思恩格斯列宁斯大林著作编译局编译《马克思恩格斯全集》第二十三卷，第 788 页。

④ 同①文，第 292 页。

根到底，"如果按照奥日埃的说法，货币'来到世间，在一边脸上带着天生的血斑'，那么，资本来到世间，从头到脚，每个毛孔都滴着血和肮脏的东西"①。对如此丑陋之物，本毋庸置言，可问题在于，资本到世之后，却无往而不利，攻城略地，建立制度，并且俨然要成为举世之典范。所以马克思并没有仅仅停留在文学性描绘的绘声绘色，他继续指出：

> 从资本主义生产方式产生的资本主义占有方式，从而资本主义的私有制，是对个人的、以自己劳动为基础的私有制的第一个否定。但资本主义生产由于自然过程的必然性，造成了对自身的否定。这是否定的否定。这种否定不是重新建立私有制，而是在资本主义时代的成就的基础上，也就是说，在协作和对土地及靠劳动本身生产的生产资料的共同占有的基础上，重新建立个人所有制。
>
> 以个人自己劳动为基础的分散的私有制转化为资本主义私有制，同事实上已经以社会生产为基础的资本主义所有制转化为社会所有制比较起来，自然是一个长久得多、艰苦得多、困难得多的过程。前者是少数掠夺者剥夺人民群众，后者是人民群众剥夺少数掠夺者。②

马克思最后的设想无疑相当乐观，具有理想主义色彩。但应该意识到的是，通过这样一种深入底里的分析，马克思实际上看到了资本运动制度化之后的某些逻辑性链条。也就是说，历史没有终结，仍然在进程之中，资本主义制度必然要导致所有制的重新建立。马克思指出："资本的总公式是 G—W—G′；这就是说，一个价值额投入流

---

① 马克思：《资本论》，载中共中央马克思恩格斯列宁斯大林著作编译局编译《马克思恩格斯选集》第二卷，第 297 页。

② 同上文，第 299–300 页。

通，是为了从流通中取出一个更大的价值额。这个更大价值额的产生过程，是资本主义的生产；这个更大价值额的实现过程，是资本的流通。资本家生产商品，不是为了商品本身，不是为了商品的使用价值或他的个人消费。资本家实际关心的产品，不是可以摸得着的产品本身，而是产品的价值超过在产品上消费的资本的价值的余额。"① 按照这种逻辑，资本家的追求乃是利益的扩张，只是为了一个超过原有数额且不断扩大的资本，永无止境！② 或者还是拉法格对马克思理论路径的描述更简洁易懂：

> 马克思从确定下述这个明显的事实开始：资本主义生产方式占统治地位的社会的财富，乃是一个庞大的商品堆积；因此商品就是资本主义财富的元素、细胞。马克思紧紧抓住了商品这个东西，从各方面来观察，甚至翻过来倒过去地看，把其中的秘密一个一个地揭开；这些秘密是御用经济学者根本猜想不到的，但这些秘密却比天主教的神秘更加繁多、更加深奥。从各方面研究了商品之后，他就进而考察在交换中一种商品与另一种商品的关系；然后转而研究商品的生产以及商品生产发展的历史条件。他在考察商品存在的各种形态时，表明商品怎样从一种形态转为另一种形态，一种形态又怎样必然地产生另一种形态。现象发展的逻辑过程表现得那样巧妙和完善，以致人们以为这是马克思自己臆想出来的；但它却是从现实中抽出来的，而且是商品的真正辩证法的再现。③

---

①　马克思：《资本论》，载中共中央马克思恩格斯列宁斯大林著作编译局编译《马克思恩格斯选集》第二卷，第443页。

②　对这一说法，我们不妨稍作实证。譬如我们是否可以尝试按照马克思的资本理论来分析一个具体的资本家行为？或者说，在欧洲、北美和亚洲语境里的资本家行为是有所区别的？

③　拉法格：《忆马克思》，载中共中央马克思恩格斯列宁斯大林著作编译局编《回忆马克思》，第195–196页。

　　这段言简意赅的描述，不妨作为我们切入马克思学术思维的一个简易线索，这意味着马克思能够抓住一个关键性的个体作为个案，并由此前后关联、顺藤摸瓜，构建起一个完整的逻辑认知体系，并且符合一些基本的规律的运用。这种思维模式，也是符合启蒙路径的理性、科学、逻辑、实证的方法的。但我们也要注意到另外一种可能。在加缪（Albert Camus，1913—1960）看来："智力也以它的方式告诉我这世界是荒诞的。它的反面是盲目的理性，徒劳地声称一切都是明确的，我一直等待着证据，并希望它有道理。尽管有那么多自命不凡的时代，那么多雄辩而有说服力的人，我知道这是错误的。至少在这方面，是绝没有幸福的，除非我不知道。这种普遍的理性，实践的或精神的理性，这种决定论，这些解释一切的范畴，都有令正直的人发笑的东西。它们与精神毫无关系。它们否认它的深刻的真理，这真理就是受束缚。在这个难以理解的、有限的世界中，人的命运从此获得了它的意义。一大群非理性的人站了起来，包围了它，直到终了。在他们恢复了的、现在又相互协调了的明智中，荒诞感清晰了，明确了。我刚才说世界是荒诞的，我是操之过急了。世界本身是不可理喻的，这就是人们所能说的。然而荒诞的东西，却是这种非理性和这种明确的强烈愿望之间的对立，强烈愿望的呼唤则响彻人的最深处。荒诞既取决于人，也取决于世界。目前它是二者之间唯一的联系。它把它们连在一起，正如只有仇恨才能把人连在一起一样。"[①] 过于强调荒谬当然本身就是荒谬的，但选择不以绝对理性的方式看问题，应该是值得欢迎的。对于资本的问题，或许也应作此看待，我们需要在理性解剖资本的前提下，也尝试用秘索思的思维方式来换向思维，如此或能不断接近全相本身。

---

　　① 阿尔贝·加缪：《西绪福斯的神话》，载《加缪文集》，郭宏安等译，译林出版社，1999，第636–637页。

三、知识史线索与文明架构的形成

最后，我们必须提出的是，从歌德到马克思，他们体现了德国文明史进程中一个非常优秀的传统，那就是"学海无涯苦作舟"。对于知识的追求乃是他们的共识基础，没有知识的支撑，就没有观念的形成和思想的发展，更不可能有跨越古今、攀向巅峰的现代人类耶路撒冷的无形建构。

文明架构的形成

德国文化只有在确立起"歌德－马克思结构"之后，才型构了一个完整的纵向坐标。这不仅是强调伟人对于民族文化的决定性意义；更重要的是，对马克思所引入的犹太文化意义，怎么高估也不过分，因为他又一次以自己的亲身实践促成了这种异质文化的深度交融[①]，虽然就主观而言，他或许别有其思；从更深刻的意义上来说，马克思的思想，有着东方文化本源性的自觉渗入，这就是犹太文化的元意义。如果说歌德还仅是从一种理想化的视域中去"重视东方"，那么马克思的观念体系建构无疑有着更多的实践层面考量，更重要的当然还是后者作为犹太人的"东方属性"本身。只有将这两者结合在一起，我们才能更深刻地意识到，歌德必须要由马克思来完善之，两

---

① 汤因比明确指出："犹太教和古希腊人文主义是西方文明的两个主要来源。它们彼此之间的接触，导致了西方文明的产生。"引自汤因比：《人类与大地母亲》，序言第 2 页。必须明确指出，在我看来，犹太教属于东方文化的范畴，无论是就地域而言还是就思维特色来说都如此，所以此后的西方文明本质上是东、西方文明交融的产物。

者既有承继关系，也有互补维度。同样，马克思也必须更多地借助歌德的思想来规范，因为马克思首先是在以歌德为代表的德国文化中成长的，同时歌德的思维模式又可以为其偏重实践而理论的路径以有利之互补。甚至我们可进一步说，有了歌德 – 马克思结构的互补成型，德国文化乃可以称为一种具有真正普适性意义的文化体系。这对一种文化来说，是极其难能可贵的。要知道，"人们可以选择任何事情加以叙述。人类的才智尚不足以在一种全景视野中将所有的事情兼容并蓄，必须有所选择，但选择必然是武断的"①。最重要的当然是选择最根本的东西。歌德意识到东西方互补维度的极端重要，马克思则由自来的东方背景而以西方语境中人的姿态提出了宏大的救世方案。对此，不应当脱离整体文明架构来考察。

知识史线索

这不是单纯的学术史、思想史甚至教育史所能概括的了，故此，我们也必须将研究视域扩大，延展至知识史（Wissensgeschichte）的层面。所谓知识史，乃指对求真之途所必需的知识的整体性认知，这既包括高端的科学、文化、学术、思想等等，也包括民间的各类风俗、习惯、技术、信仰等普遍知识（低端知识），当然这是在概念上有所区分，就知识意义来讲无高低、上下之分。从歌德到马克思，都表现出这样一种普遍性求知的意识，这在他们的写作中也都充分表现出来了，所以他们的文字有着极为强大的鲜活的生命力。而恰恰是对那些高端知识，我们可能更需要警醒，譬如格拉斯已经交代得很清楚："对于我来说，启蒙关于理性的概念过于冷漠无情，它的道德

---

① 汤因比：《人类与大地母亲》，序言第 4 页。

却过于自负。"① 他毫不犹豫地质问："当代的哲学家、科学家、作家和社会政治家，他们——某些人不为任何怀疑所动——依据的仍然是欧洲启蒙运动的传统，对于他们，必须提出这样的问题：人类的社会化给人带来了什么？普遍意识与世界末日相符吗？人类的教育遭到失败了吗？谁给启蒙者启蒙？"② 显然格拉斯的这种提问，绝非一个作家对于宏大叙事的泛泛叛逆之言，而是有着深厚的知识史支撑之下的"黄钟大音"。他对欧洲启蒙运动的质疑，实际上意味着一种知识史立场的反拨，尤其是最后一句问得极为沉痛："谁给启蒙者启蒙？"启蒙者似乎是一个至高无上的概念，一个人只要接过启蒙的大旗，仿佛就自然而然地占据了道德制高点，可以居高临下地指点江山，然而事实真的如此吗？我还是很欣赏这句话："每一种生物、每一物种中的每一个体，在自己短暂的一生中进行的生存努力，都在影响并改变着生物圈。但是，人类产生之前的任何物种都不曾具有支配或摧毁生物圈的能力。"③ 显然，在地球史上，人类的出现仍具有无可争议的关键性作用。可我们也切不可妄自尊大，要有敬畏之心，要有众生平等、尊重他者的平常心，不仅是指人类各种族、各民族、各阶层之间的相互尊重，也还意味着我们对待其他生物、自然的态度，要有平等心，要有平常心。因为，"既然化身于人性中的邪恶的贪欲已经用充足的技术力量将自己武装起来，这一高潮也许就是人类邪恶而愚蠢地将生物圈加以摧毁，从而将生命全部消灭"④。

---

① 君特·格拉斯：《理性之梦——在柏林艺术科学院"启蒙的贫困"系列展览开幕式上的演讲》，载君特·格拉斯著《与乌托邦赛跑》，林笳、陈巍等译，上海译文出版社，2005，第316页。
② 同上。
③ 汤因比：《人类与大地母亲》，第32页。
④ 同上书，第22页。

语言的力量

特别值得指出的是，马克思的学术语言有着撼人心魄的力量。梅林虽然对其文学天赋评价不高，但对其学术语言的这番评论却很能切中好处："就语言的气势和生动来说，马克思可以和德国文学上最优秀的大师媲美。他也很重视自己作品的美学上的谐调性，而不像那些浅陋的学者那样，把枯燥无味的叙述看成是学术著作的基本条件。"[①]对于述学文体，我们应予以高度重视。马克思之所以能成为一个大家，与他对学术语言的自觉意识，有密切关系。更重要的是，无论他身在何方，他赖以立命的语言根基只是德语，要想理解他的思想和理念，必须从德语入手。马克思是德语的语言大师，这一点我们只要读读他的著作就可以感觉到，德语是他的精神之根。李卜克内西曾这样回忆起自己与马克思的语言之争：

> 马克思竭力主张语言纯洁，有时达到了咬文嚼字的程度。而我的上黑森方言牢牢地粘着我，因此我才多次受到训诫。在这几次的争论中幸好我有一个同盟者，马克思对这个人也像我一样非常尊重，这个人就是我的黑森老乡、法兰克福人、沃尔弗冈·冯·歌德。我用过这样一些词形：hunten, unten, drunten（在……之下）；hoben, oben, droben（在……之上）；haußen, außen, draußen（在……之外）；hüben, üben, drüben（在这边、在那边）等等。这经常使马克思火冒三丈，他非常讨厌 hüben, hoben, haußen，但由于歌德的威望，尽管他不表赞同，最后也决定容忍了。[②]

从这里我们可以看出马克思咬文嚼字的程度，尤其是对歌德这样

---

① 梅林：《马克思传》，第20页。
② 李卜克内西：《纪念卡尔·马克思——生平与回忆》，载中共中央马克思恩格斯列宁斯大林著作编译局编《回忆马克思》，第57页。

一个伟人的敬重和继承。但这其中表现的也正是他作为德国精神谱系
中人的选择、承继、坚守和创化的自觉意识。按照加缪的说法："一
切伟大的行动和一切伟大的思想都有一个可笑的开端。伟大的作品常
常诞生在一条街的拐角或一家饭馆的小门厅里。荒诞也如此。荒诞的
世界比起其他的来更是从这种悲惨的诞生中获得它的高贵。"① 马克思
的《资本论》就是这样一种由荒诞产生的高贵，按照李卜克内西的说
法，"马克思只有在英国才能成其为马克思。德国直到 19 世纪中叶
仍然是一个经济很不发达的国家，在这样的国度里，马克思不可能对
资产阶级经济学进行批判，也不可能了解资本主义的生产过程，正
像经济不发达的德国不可能有经济发达的英国那种政治机构一样"②。
但这样一种强调也不能绝对，如果马克思不是一个德国犹太人，不是
从德国那样的封建国家逃亡，他又如何可能创造出这样一部伟大的著
作，给后世提供翻江倒海的精神资源？可无论如何，我们得承认的一
个事实是，马克思正是在英国，这个他所生活的资本主义世界最强大
的国家里，完成了这样一部举世难避其锋芒的鸿篇巨著。"没有非凡
的工作能力和非凡的工作效率便不可能成为天才。缺乏这二者的所谓
天才，只不过是一个绚丽的肥皂泡或只能到月球上去兑换的支票而
已。"③ 而所有这一切在具体的学术研究领域中，就必然表现为研究者
知识领域扩展能力的获得，也就是必须要有一种可以驾驭的知识史眼
光，由此而产生的知识成果也就必将深刻影响到文明结构的形成和人
类长路的方向。可不是吗，从歌德到马克思，又岂止是德国精神谱系
的辉煌坐标呢？他们所标示的，不也在很大程度上正是人类文明路
途必须仰观的灯塔！精神之塔！

---

① 加缪：《西绪福斯的神话》，第 630 页。

② 李卜克内西：《纪念卡尔·马克思——生平与回忆》，载中共中央马克思恩格斯
列宁斯大林著作编译局编《回忆马克思》，第 63 页。

③ 同上文，第 67 页。

参考文献

一、基本文献

1. 期刊、报纸

《同济大学学报（社会科学版）》，2005—2009 年。

《外国文学专题》，1977 年。

《时事新报·学灯》，1922 年。

2. 研究对象的基本文献

歌德：《歌德文集：第 1 卷：浮士德》，绿原译，人民文学出版社，1999。

歌德：《歌德文集：第 4 卷：诗与真（上）》，刘思慕译，人民文学出版社，1999。

歌德：《歌德文集：第 5 卷：诗与真（下）》，刘思慕译，人民文学出版社，1999。

歌德：《歌德文集：第 8 卷：诗歌》，冯至等译，人民文学出版社，1999。

歌德：《迷娘曲——歌德诗选》，杨武能译，广西师范大学出版社，2003。

歌德:《维廉·麦斯特的漫游时代》,关惠文译,人民文学出版社,1988。

中共中央马克思恩格斯列宁斯大林著作编译局编译《马克思恩格斯论文学与艺术》(上、下册),人民文学出版社,1982。

中共中央马克思恩格斯列宁斯大林著作编译局编译《马克思恩格斯全集》第一卷,人民出版社,1995 年第 2 版。

中共中央马克思恩格斯列宁斯大林著作编译局编译《马克思恩格斯全集》第二卷,人民出版社,1957。

中共中央马克思恩格斯列宁斯大林著作编译局编译《马克思恩格斯全集》第三卷,人民出版社,2002 年第 2 版。

中共中央马克思恩格斯列宁斯大林著作编译局编译《马克思恩格斯全集》第十九卷,人民出版社,2005 年第 2 版。

中共中央马克思恩格斯列宁斯大林著作编译局编译《马克思恩格斯全集》第二十二卷,人民出版社,1965。

中共中央马克思恩格斯列宁斯大林著作编译局编译《马克思恩格斯全集》第二十三卷,人民出版社,1972。

中共中央马克思恩格斯列宁斯大林著作编译局编译《马克思恩格斯全集》第四十卷,人民出版社,1982。

马克思:《致库格曼书信集》,天蓝译,人民出版社,1957。

中共中央马克思恩格斯列宁斯大林著作编译局编译《马克思恩格斯选集》第一卷,人民出版社,2012 年第 3 版。

中共中央马克思恩格斯列宁斯大林著作编译局编译《马克思恩格斯选集》第二卷,人民出版社,2012 年第 3 版。

Goethe, Johann Wolfgang. Werke(全集). Ausgewählt von Mathias Bertram. Berlin: Directmedia, 1998, Digitale Bibliothek Band 4.

Goethe, Johann Wolfgang. Briefe, Tagebücher, Gespräche(书信、日记、谈话). Eingerichtet von Mathias Bertram. Berlin: Directmedia, 1998,

Digitale Bibliothek Band 10.

3. 其他基本文献

比尔基埃等主编《家庭史》第 3 卷，袁树仁等译，生活·读书·新知三联书店，1998。

俾斯麦：《思考与回忆》第三卷，山西大学外语系《思考与回忆》翻译组译，东方出版社，1985。

陈寅恪：《金明馆丛稿二编》，生活·读书·新知三联书店，2001。

陈寅恪：《隋唐制度渊源略论稿 唐代政治史述论稿》，生活·读书·新知三联书店，2001。

狄泽林克：《比较文学导论》，方维规译，北京师范大学出版社，2009。

冯春选编《冈察洛夫、屠格涅夫、陀斯妥耶夫斯基、柯罗连科文学论文选》，上海译文出版社，1997。

冯至：《冯至选集》第一卷，四川文艺出版社，1985。

冯至：《冯至学术论著自选集》，北京师范学院出版社，1992。

顾颉刚：《和与同》，载《顾颉刚学术文化随笔》，中国青年出版社，1998。

海涅：《乘着歌声的翅膀——海涅诗选》，杨武能译，广西师范大学出版社，2003。

贺麟：《德国三大哲人歌德、黑格尔、费希特的爱国主义》，商务印书馆，1989。

黑格尔：《美学》第三卷下册，朱光潜译，商务印书馆，1981。

黑格尔：《哲学史讲演录》第一卷，贺麟、王太庆译，商务印书馆，1959。

加缪：《加缪文集》，郭宏安等译，译林出版社，1999。

卡西尔：《国家的神话》，范进等译，华夏出版社，1999 年第 2 版。

卡西尔：《启蒙哲学》，顾伟铭等译，山东人民出版社，2007 年第

2 版。

　　孔德：《论实证精神》，黄建华译，商务印书馆，1996。

　　莱辛：《汉堡剧评》，张黎译，上海译文出版社，2002。

　　鲁迅：《鲁迅全集》第六卷，人民文学出版社，1981。

　　庞朴：《一分为三论》，上海古籍出版社，2003。

　　莎士比亚：《莎士比亚全集》第八册，朱生豪译，吴兴华校，人民文学出版社，1978。

　　亚里士多德：《尼各马可伦理学》，廖申白译，商务印书馆，2003。

　　张维：《留德八年》，《欧美同学会会刊》1999 年第 3 期。

　　张中晓：《无梦楼随笔》，路莘整理，上海远东出版社，1996。

　　宗白华：《宗白华全集》，安徽教育出版社，1994。

二、中文研究著作

　　阿维内里：《马克思与现代化》，载亨廷顿等著《现代化：理论与历史经验的再探讨》，罗荣渠主编，上海译文出版社，1993。

　　爱克曼辑录《歌德谈话录》，朱光潜译，人民文学出版社，1978。

　　包尔生：《德国大学与大学学习》，张弛等译，人民教育出版社，2009。

　　彼德·贝尔纳：《歌德》，李鹏程译，中国社会科学出版社，1992。

　　马丁·贝尔纳：《黑色雅典娜：古典文明的亚非之根：第一卷：构造古希腊 1785—1985》，郝田虎、程英译，吉林出版集团，2011。

　　伯林：《反潮流——观念史论文集》，冯克利译，译林出版社，2002。

　　伯曼：《一切坚固的东西都烟消云散了——现代性体验》，徐大建、张辑译，商务印书馆，2003。

　　勃里格斯：《马克思在伦敦》，陈叔平译，中国人民大学出版社，1986。

布尔迪厄:《国家精英》,杨亚平译,商务印书馆,2004。

布莱克编《比较现代化》,杨豫、陈祖洲译,上海译文出版社,1996。

布鲁玛:《伏尔泰的椰子——欧洲的英国文化热》,刘雪岚等译,生活·读书·新知三联书店,2007。

蔡元培:《中国伦理学史》,东方出版社,1996。

陈彦:《生命、激情与中西文化对话——法兰西学院院士程抱一访谈》,《文景》2004年第5期。

戴问天编《格廷根大学》,湖南教育出版社,1986。

德赛:《马克思的复仇——资本主义的复苏和苏联集权社会主义的灭亡》,汪澄清译,中国人民大学出版社,2005。

狄尔泰:《体验与诗》,胡其鼎译,生活·读书·新知三联书店,2003。

范迪尔门:《欧洲近代生活·家与人》,王亚平译,东方出版社,2003。

费舍尔:《德国反犹史》,钱坤译,江苏人民出版社,2007。

傅伟勋:《从西方哲学到禅佛教》,生活·读书·新知三联书店,1989。

高中甫:《歌德接受史1773—1945》,社会科学文献出版社,1993。

格拉斯:《与乌托邦赛跑》,林笳、陈巍等译,上海译文出版社,2005。

辜鸿铭:《辜鸿铭文集》,黄兴涛等译,海南出版社,1996。

关子尹:《莱布尼茨与现代德语之沧桑》,《同济大学学报(社会科学版)》2005年第1期。

贺国庆:《德国和美国大学发达史》,人民教育出版社,1998。

霍布斯鲍姆:《资本的年代:1848—1875》,张晓华等译,江苏人民出版社,1999。

霍克海默、阿道尔诺:《启蒙辩证法——哲学断片》,渠敬东、曹卫东译,上海人民出版社,2003。

霍克斯:《结构主义和符号学》,瞿铁鹏译,上海译文出版社,1987。

基钦:《剑桥插图德国史》,赵辉、徐芳译,世界知识出版社,2005。

季羡林、张光璘编选《东西文化议论集》,经济日报出版社,1997。

卡岑巴赫:《赫尔德传》,任立译,商务印书馆,1993。

克拉克:《探究的场所——现代大学的科研和研究生教育》,王承绪译,浙江教育出版社,2001。

昆、延斯:《诗与宗教》,李永平译,生活·读书·新知三联书店,2005。

拉夫:《德意志史——从古老帝国到第二共和国》,波恩,Inter Nationes,1987。

兰道尔:《欧洲社会主义思想与运动史》上卷,群立译,商务印书馆,1994。

郎咸平、杨瑞辉:《资本主义精神和社会主义改革》,东方出版社,2012。

勒佩尼斯:《德国历史中的文化诱惑》,刘春芳、高新华译,译林出版社,2010。

李遥六编著《莱比锡大学》,湖南教育出版社,1986。

李长之:《歌德之认识》,载唐金海等主编《新文学里程碑·评论卷》,文汇出版社,1997。

李兴业编著《巴黎大学》,湖南教育出版社,1988。

梁志学主编《费希特著作选集:卷二》,商务印书馆,1994。

鲁克俭:《国外马克思学研究的热点问题》,中央编译出版社,2006。

罗斑:《希腊思想和科学精神的起源》,陈修斋译,广西师范大学出版社,2003。

罗衡林:《通向死亡之路——纳粹统治时期德意志犹太人的生存状

况》，人民出版社，2006。

洛维特：《从黑格尔到尼采：19 世纪思维中的革命性决裂》，李秋零译，生活·读书·新知三联书店，2006。

吕埃格总主编《欧洲大学史：第 2 卷：近代早期的欧洲大学（1500—1800）》，贺国庆等译，河北大学出版社，2008。

麦克莱伦：《卡尔·马克思传（第 3 版）》，王珍译，中国人民大学出版社，2005。

麦克卢汉、秦格龙编《麦克卢汉精粹》，何道宽译，南京大学出版社，2000。

梅林：《马克思传》，樊集译，人民出版社，1973。

梅尼克：《历史主义的兴起》，陆月宏译，译林出版社，2009。

纽曼：《大学的理想（节本）》，徐辉等译，浙江教育出版社，2001。

平森：《德国近现代史——它的历史和文化》，范德一译，商务印书馆，1987。

齐泽克：《易碎的绝对——基督教遗产为何值得奋斗？》，蒋桂琴、胡大平译，江苏人民出版社，2004。

钱穆：《现代中国学术论衡》，生活·读书·新知三联书店，2001。

桑德斯：《牛津简明英国文学史》，谷启楠等译，人民文学出版社，2000。

石中英：《知识转型与教育改革》，教育科学出版社，2001。

斯拉文：《被无知侮辱的思想——马克思社会理想的当代解读》，孙凌齐译，中央编译出版社，2006。

苏共中央马克思列宁主义研究院编《回忆马克思恩格斯》，胡尧等译，人民出版社，1957。

汤因比：《人类与大地母亲》，徐波等译，上海人民出版社，2001。

托尔尼乌斯：《沙龙的兴衰——500 年欧洲社会风情追忆》，何兆武译，世界知识出版社，2003。

瓦格纳、李斯特：《两个伟大男人的神话——瓦格纳和李斯特的书信集》，吕旭英、徐龙军译，中国人民大学出版社，2004。

韦伯：《学术与政治》，冯克利译，生活·读书·新知三联书店，1998。

韦尔南：《希腊思想的起源》，秦海鹰译，生活·读书·新知三联书店，1996。

威塞尔：《一个犹太人在今天》，陈东飚译，作家出版社，1998。

维塞尔：《马克思与浪漫派的反讽——论马克思主义神话诗学的本源》，陈开华译，华东师范大学出版社，2008。

卫礼贤：《歌德与中国文化》，载蒋锐编译《东方之光——卫礼贤论中国文化》，外语教学与研究出版社，2007。

卫礼贤：《歌德与中国文化》，温晋韩译，载周冰若、宗白华等编《歌德之认识》，钟山书局，1933。

西德尔：《家庭的社会演变》，王志乐等译，商务印书馆，1996。

相蓝欣：《传统与对外关系——兼评中美关系的意识形态背景》，生活·读书·新知三联书店，2007。

姚介厚：《西方哲学史：第二卷：古代希腊与罗马哲学》，江苏人民出版社，2004。

叶隽：《德国学理论初探——以中国现代学术建构为框架》，上海外语教育出版社，2012。

叶隽：《哥廷根思想与德国启蒙大学观》，《书屋》2006 年第 9 期。

叶隽：《歌德〈少年维特之烦恼〉爱情悲剧后的青春迷惘与制度因素》，《同济大学学报（社会科学版）》2009 年第 4 期。

叶隽：《歌德〈铁手骑士葛兹〉所反映的阶层博弈与群体互动》，《同济大学学报（社会科学版）》2008 年第 4 期。

叶隽：《中国现代留欧学人与外交官、华工群的互动》，福建教育出版社，2012。

伊格尔顿:《马克思为什么是对的》,李杨等译,新星出版社,2011。

张其成:《象数易学》,中国书店,2003。

张威廉主编《德语文学词典》,上海辞书出版社,1991。

赵越胜:《燃灯者——忆周辅成》,湖南文艺出版社,2011。

中共中央马克思恩格斯列宁斯大林著作编译局编《回忆马克思》,人民出版社,2005。

钟立恒、周杰:《巨星光环——马克思恩格斯的坎坷生涯》,长春出版社,1995。

周振甫译注《周易译注》,中华书局,1991。

朱学勤:《道德理想国的覆灭——从卢梭到罗伯斯庇尔》,上海三联书店,1994。

三、外文文献

Adorno, Theoder W. Gesammelte Schriften（阿道尔诺全集）(vgl. GS 3) http://www.digitale-bibliothek.de/band97.htm.

Bode, Christian, Becker, Werner, & Klofat, Rainer. *Universitäten in Deutschland*（《德国的大学》）. München: Prestel, 1995.

Boerner, Peter. *Johann Wolfgang von Goethe 1832/1982 - Ein biographischer Essay*（《歌德传》）. Bonn: Inter Nationes, 1983.

Dahlke, Günther (Hrsg.). *Der Menschheit Würde — Dokumente zum Schiller-Bild der deutschen Arbeiterklasse*（《人类的尊严——德国工人阶级的席勒图像材料汇编》）. Weimar: Arion Verlag, 1959.

Dilthey, Wilhelm. *Das Erlebnis und die Dichtung*（《体验与诗》）. Leipzig & Berlin: Verlag B.G. Teubner, 1915.

Doren, Charles van. *A History of Knowledge — Past, Present, and Future*（《知识的历史——过去、现在和未来》）. New York: Carol

Publishing Group, 1991.

Gundolf, Friedrich. *Shakespearre und der deutsche Geist*（《莎士比亚与德国精神》）. Berlin：Bondi, 1911.

Hitler, Adolf. *Mein Kampf*（《我的奋斗》）. Muenchen: Zentralverlag der N.S.D.A.P., 1936.

Mandelkow, Karl Robert (Hrsg.). *Goethe im Urteil seiner Kritiker — Dokumente zur Wirkungsgeschichte Goethes in Deutschland*（《批评者眼中的歌德——歌德在德国影响史资料》）Band Ⅲ. München: C.H.Beck, 1979.

Marx, Karl & Engels, Friedrich. Ausgewählte Werke（马克思恩格斯选集）(vgl. MEW Bd. 3) http://www.digitale-bibliothek.de/band11.htm.

Mehring，Franz (Hrsg.). *Aus dem literarischen Nachlaß von Karl Marx und Friedrich Engels 1841–1850*（《马克思与恩格斯的文学遗产》）Band I. Stuttgatt：Dietz Nachf, 1920.

Nietzsche，Friedrich. Werke（尼采著作集）. (vgl. Nietzsche-W Bd. 1) (c) C. Hanser Verlag http://www.digitale-bibliothek.de/band31.htm.

Rubel, Maximilien. *Rubel on Karl Marx*（《吕贝尔论马克思》）. Cambridge: Cambridge University Press, 1981.

Salzer, Anselm & Tunk, Eduard von (Hrsg.). *Illustrierte Geschichte der deutschen Literatur*（《插图本德国文学史》）Band 6. Köln: Naumann & Göbel, n.d.

Schelsky, Helmut. *Einsamkeit und Freiheit — Idee und Gestalt der deutschen Universität und ihrer Reformen*（《孤独与自由——德国大学之构建与改革》）. Reinbek bei Hamburg: Rowohlt Taschenbuch Verlag GmbH, 1963.

Seidel, Siegfried. *Der Briefwechsel zwischen Schiller und Goethe*（《席勒歌德通信集》）Erster Band. München: Verlag C.H.Beck, 1984.

关键词中外文对照及索引

后 记

　　我这个人大致是属于既爱农耕，又喜游牧的：打下的学术基地，绝对不忍放弃；但同时又忍不住见猎心喜，爱到别人家的菜园里去小试身手。更重要的是，这种"游牧"是由"农耕"的深度而引起的，两者在我，是水乳交融，而非道不同不相为谋的。所以，产生写这本书的念头，既属于一时灵感爆发的"灵机一动"，也是学术思路发展到一定程度的"水到渠成"。大概是在 2008 年，我已经全面转入歌德研究，一方面是对德国古典时代精英群体的追踪而至，由席勒而歌德是再也正常不过的；另一方面也大有"会当凌绝顶，一览众山小"的豪情。而阅读马克思，则成为一种闲暇翻书的习惯性动作，到了一定程度，竟然情不自禁地将二者相连，乃有"从歌德到马克思"这样的思路的水到渠成。

　　关于歌德，我已经先后完成了《歌德思想之形成——经典文本体现的古典和谐》（中央编译出版社，2010 年）、《歌德学术史研究》（译林出版社，2013 年），自己随机在翻译着歌德的作品，尤其是诗歌，那更多是一种精神享受，而非苦哈哈地做研究。应该说，这些工作的对象仿佛一致，但其实内容不啻天壤之别。前者关注文学史的基本方法和领域，细读文本，尝试体贴诗情，阐经典而出新意，引入思想史的维度以打通文学史的"奇经八脉"；后者则挺进德国学术史领域，既把握其学科发展的态度，更借助中国人"通论学术"的传统去触摸和把握德国学术史的整体脉络，借助歌德这样的大师，确实是"入宝山而未空手归"，收益良多。而到了这部《从歌德到马克思》，更多地，我选择了融通的视域，将教育史、资本域、世界性的眼光带入，展现一个立体结构中的精英位置及其意义。或者还是如范捷平教授所说，我其实已不自觉地在以德国学的理论为指导，而能取思想史为红线，体现一种对德意志文史田野的把握。所以，希望我的这项研究，能够为德国学的实践提供一个案例。当然必须声明的是，在研究过程中，我却是并未给自己太多的理论设限，而更多属于"事后追认"的性质。

屈指盘算起来，我对歌德的关注竟然是一点都不少，除了上述之外，还编选了《歌德研究文集》(译林出版社，2014年)；撰作了《德国精神的向度变型——以尼采、歌德、席勒的现代中国接受为中心》(中央编译出版社，2015年)。正在编撰的《歌德慧语录》虽是选编、翻译，却让我重得机会漫游歌德文学与知识的巨大精神宝藏，深味选家之难。而我兴味最为浓烈的，现在已聚焦为就歌德及其延展出的侨易现象进行思考和探索，譬如以侨易学的视域关注《浮士德》、《红楼梦》；再以歌德汉译而讨论华化现象与符号侨易，进一步展开现代中国的翻译、知识与思想的互动史研究，使得外邦巨子与本土文化交相成辉，既是"自设难题"，但也在探究的过程中"星光闪烁"，其乐无穷。

此后的兴趣，仍然更强烈地吸引我不断走入更多的新领域。应该感谢歌德这样一位人类文明史上不世出的骄子，政治、经济、社会、自然、艺术等领域无不涉猎，这也让后来者得以展开百科全书般的求知历程。只要你有眼光，就能发掘出研究对象的可开发潜力。经济史的研究无疑具有强烈的专业性，但却也展现出无比诱人的芬芳，所以对资本语境的研究也让我既心生困惑，也充满期待和应战感。而马克思维度的纳入，则让我们看到德国文明之所以伟大，就在于其能诞生不同的伟人类型，却又谐然一体，彼此互通互补，同属人类精神凌烟阁中的典范。

我的学生董琳璐帮我整理了参考文献和关键词中外文对照及索引等，这里一并致谢。

叶隽

2012 年 2 月 16 日起笔于京中陋室

2019 年 9 月 6 日定稿于沪上同济

出 版 人　郑豪杰
责任编辑　翁绮睿
版式设计　郝晓红
责任校对　贾静芳
责任印制　叶小峰

图书在版编目（CIP）数据

德国教养与世界理想：从歌德到马克思 / 叶隽著
. — 北京：教育科学出版社，2023.6（2023.9 重印）
ISBN 978-7-5191-3499-0

Ⅰ.①德…　Ⅱ.①叶…　Ⅲ.①社会科学—科学史—德
国　Ⅳ.① C095.16

中国国家版本馆 CIP 数据核字（2023）第 099479 号

德国教养与世界理想——从歌德到马克思
DEGUO JIAOYANG YU SHIJIE LIXIANG——CONG GEDE DAO MAKESI

出 版 发 行	教育科学出版社				
社　　址	北京·朝阳区安慧北里安园甲 9 号	**邮　　编**	100101		
总编室电话	010-64981290	**编辑部电话**	010-64981167		
出版部电话	010-64989487	**市场部电话**	010-64989009		
传　　真	010-64891796	**网　　址**	http：//www.esph.com.cn		
经　　销	各地新华书店				
制　　作	北京浪波湾图文工作室				
印　　刷	中煤（北京）印务有限公司				
开　　本	890 毫米 ×1240 毫米　1/32	**版　　次**	2023 年 6 月第 1 版		
印　　张	7	**印　　次**	2023 年 9 月第 2 次印刷		
字　　数	200 千	**定　　价**	49.00 元		

图书出现印装质量问题，本社负责调换。